守護霊インタビュー

堺屋太一 異質な目

政治 経済 宗教 への考え

大川隆法

Ryuho Okawa

まえがき

元・通産官僚で、作家・評論家としても活躍され、経済企画庁長官も経験された堺屋太一《さかいやたいち》さんの守護霊霊言である。

「異質な目《いしつめ》」はまだまだ健在のようで、八十歳にして政界の仕掛《しか》け人、参謀《さんぼう》として活躍されているのには頭が下がる。

私たちの立場は、多様な考え方からも学び取るところにあるので、幸福実現党とは違う政策を提示している堺屋流オピニオンもそのまま発表することにした。

おそらく、政財界、官界、マスコミ関係の人々にも参考になる一書になったのではないかと思う。

二〇一六年　四月二十七日

幸福《こうふく》の科学《かがく》グループ創始者兼総裁《そうししゃけんそうさい》

幸福実現党創立者兼総裁《こうふくじつげんとうそうりつしゃけんそうさい》　大川隆法《おおかわりゅうほう》

守護霊インタビュー　堺屋太一　異質な目　政治・経済・宗教への考え　目次

守護霊《しゅごれい》インタビュー
堺屋太一《さかいやたいち》　異質な目　政治・経済・宗教への考え

二〇一六年二月五日　収録
東京都・幸福の科学総合本部にて

「霊言現象《れいげん》」とは、あの世の霊存在の言葉を語り下ろす現象のことをいう。これは高度な悟《さと》りを開いた者に特有のものであり、「霊媒現象《れいばい》」(トランス状態になって意識を失い、霊が一方的にしゃべる現象)とは異なる。

また、人間の魂《たましい》は原則として六人のグループからなり、あの世に残っている「魂のきょうだい」の一人が守護霊《しゅごれい》を務めている。つまり、守護霊は、実は自分自身の魂の一部である。したがって、「守護霊の霊言」とは、いわば本人の潜在《せんざい》意識にアクセスしたものであり、その内容は、その人が潜在意識で考えていること(本心)と考えてよい。

なお、「霊言」は、あくまでも霊人《れいじん》の意見であり、幸福の科学グループとしての見解と矛盾《むじゅん》する内容を含《ふく》む場合がある点、付記しておきたい。

守護霊《しゅごれい》インタビュー　堺屋太一《さかいやたいち》
異質な目　政治・経済・宗教への考え

二〇一六年二月五日　収録
東京都・幸福の科学総合本部にて

堺屋太一《さかいやたいち》（一九三五〜）

作家・評論家。大阪府《おおさかふ》出身。本名は池口小太郎《いけぐちこたろう》。東京大学経済学部卒。通産省に入省後、在職中に作家デビューし、『団塊《だんかい》の世代』が一世を風靡《ふうび》。また、官僚《かんりょう》時代に大阪万博《ばんぱく》を成功させた経験を生かし、退官後も各種博覧会のプロデュースに当たる。小渕《おぶち》・森《もり》内閣のとき、民間から経済企画庁《きかくちょう》長官に登用（第55〜57代）、さらに内閣特別顧問《こもん》も務める。かねてより首都機能移転を主張し、橋下徹《はしもととおる》氏を支《し》援《えん》している。他の主な著作に『峠《とうげ》の群像』『知価革命』『秀吉《ひでよし》』等。

質問者　※質問順

綾織次郎《あやおりじろう》（幸福の科学常務理事 兼《けん》「ザ・リバティ」編集長 兼 HSU講師）

加藤文康《かとうぶんこう》（幸福実現党幹事長）

金澤由美子《かなざわゆみこ》（幸福の科学指導研修局長）

［役職は収録時点のもの］

1 経済評論家・堺屋太一《さかいやたいち》氏の守護霊《しゅごれい》を招霊《しょうれい》する

近くで聴《き》いた「三一鼎談《ピンていだん》」の思い出

大川隆法　今日は、堺屋太一《さかいやたいち》さんの守護霊《しゅごれい》にご意見を伺《うかが》おうかと思っています。

堺屋さんは、もう八十歳《さい》になられたとのことなので、若い方は、もしかしたらあまりご存じないかもしれませんが、多くの方々はご存じなのではないでしょうか。

実は、私には、堺屋さんのお話を直接、近くで聴《き》かせていただいた経験があります。

それは、若いころの会社時代のことになりますが、私がニューヨークへ行っていたときに、竹村健一《たけむらけんいち》さん、渡部昇一《わたなべしょういち》さん、堺屋太一さんの三人が、ちょうど日本からニューヨークに来て、「現地の日本人の駐在員《ちゅうざいいん》あたりを相手に話を聴かせる」という企画《きかく》があったのです。要は、〝遊びに来た〟のでしょう（笑）。

それで、三人とも名前の最後が「一」という字で終わっていることから、「三一《さんピン》鼎談《ていだん》」と称《しょう》し、「演壇《えんだん》の上に長い机を置いて三人で座《すわ》り、机の前に名前をぶら下げ、座談会風に話をし、それを聴かせる」というスタイルで行われました。確か、日本人クラブというところで話をされたような気がします。

その講演会の案内は、ニューヨークに進出している会社を相手に発送されていて、私がいた会社にも来たわけですが、おそらく、招待状はニューヨーク本社の社長宛《あ》てに来たのだろうと思います。

しかし、社長のほうは、それを財務部長のほうにヒョイッと投げて、「おまえが行け」と言いました。

ところが、財務部長のほうも、忙《いそが》しい上にそれほど関心がなかったのか、私のところにトコトコと歩いてきて、「おまえ、インテリだろう？　これに関心があるだろう？　どうだ」と言うのです。

私は、「渡部昇一、竹村健一、堺屋太一ですか。ああ、いいですね。行ってもいいですよ」と答え、社長の代役として出席しました。向こうは、指名制で企業に送ってきたのでしょうが、私が代役で出させていただいたわけです。

会場へ行ってみたら、やはり部長から社長ぐらいの年齢《ねんれい》の方が多くて、若干《じゃっかん》、居《い》心地《ごこち》の悪さを感じたものの、いちおう、「企業から一人は出てこい」ということだったので、行って聴きました。

おそらく、彼ら三人のアメリカ旅行費用を稼《かせ》ぐ目的で行われたのではないかと思われますが、日本人相手に日本語で話をしていました。

三人の性格や発想法、考え方の筋《すじ》を観察していた当時の私

大川隆法　なお、この三人のうち、堺屋さんだけ五つぐらい年が若いのです。当時、堺屋さんは四十五歳を少し過ぎたあたりで、渡部昇一先生と竹村健一先生は、五十歳過ぎぐらいだったでしょうか。

そのころ、竹村健一さんは、「電波怪獣《かいじゅう》」と言われていて、テレビやラジオなど、いろいろなところに出まくっていました。五十歳ぐらいのころ、「どこをつけても出てくる」と言われていて、有名だった方です。

また、渡部昇一先生は、四十代半《なか》ばぐらいに『知的生活の方法』を書いてミリオンセラーを記録したので、それでよく知られていましたし、当時、評論家としてもグッと伸《の》びてきておられたころでしょう。

ちなみに、「堺屋太一」という名前はペンネームであり、通産省（現・経済産業省）の現役官僚《げんえきかんりょう》であったときに、『油断《ゆだん》！』という小説を書いていました。「（小説を書いたのは）いったい誰《だれ》だろう？」ということで、評判になったのを覚えています。小説のタイトルである「油断」とは、「油《あぶら》を断《た》つ」と書くので、「油断大敵」の「油断」でもありますが、「実際に、アラビアのほうから油が入ってこなかったら、どうなるか」というシミュレーション小説でもあったのです。

なお、「仕事の合間に書いたのだろう」と、かなり怒《おこ》られたこともあるようですが、いちおう、仕事外の時間で書いており、さらに、資料についても、内部資料を使わずに、全部、公開された資料だけを使って書いたそうです。

ともかく、彼は『油断！』でデビューし、そのあと通産省を退官して作家になり、経済評論家もされたわけです。

そのように、当時、彼らはちょうど脂《あぶら》が乗ってきて、有名になっていたころでした。

私は、彼らを間近で見させていただいて、それぞれの性格や発想法、考え方の筋《すじ》などをジーッと観察させてもらったのを覚えています。それと同時に、「私もあのくらいの年になったら、人前で話ができるようになりたいな」という気持ちを持ったことも覚えています。そして、実際にそのようになったので、やはり、「思うことは大事だな」と感じました。

いずれにしても、お三方《さんかた》ともたいへん勉強家であり、よく本を読んでおられましたので、情報量が豊富であり、次々といろいろな考えが出てくるところは驚嘆《きょうたん》すべきであったし、斬新《ざんしん》なものの見方などを言われるところも珍《めずら》しかったと思います。ニューヨークに着いて、空港からの感想などもいろいろと述べていましたが、それでも、普通《ふつう》の人と見る目が少し違《ちが》うところを感じました。

そのころの堺屋さんは四十代半ば過ぎであり、今の私のほうがずっと年上になってしまいましたが、「人は、いろいろなかたちで、他の人の話を聴いたり、勉強したりするときもあるものだな」とは思います。

また、渡部昇一さんと堺屋太一さんについては、今もまだ現役でやっておられる感じでしょう。

「知は力なり」を実感した、民間大臣としての活躍《かつやく》

大川隆法　堺屋さんは、通産省時代に大阪万博《おおさかばんぱく》を担当されていたので、それがよく知られていますが、小渕《おぶち》内閣のときには、経済企画庁長官をされました（一九九八〜二〇〇〇年）。

また、そのあとの森《もり》内閣のときも、少しだけ大臣を続けられましたが、実は私が、それを辞《や》めるように勧《すす》めたのです（笑）。月刊「ザ・リバティ」（幸福の科学出版刊）に、「森さんの内閣から早く逃《に》げなさい」と、私が記事風に書いたら、彼は一カ月ぐらいで、「痔《じ》が悪くなって座っていられないから、もう大臣を続けられない」などと言って辞表を出し、〝逃げ出した〟ようです。たいへん申し訳ないと思いつつも、森内閣を早く終わらせるために、そのようなことをしたことがありました。

これは〝懺悔《ざんげ》〟ですが、そのほうがよか

堺屋太一氏への提言記事が掲載された月刊「ザ・リバティ」2000 年 12 月号。

ったと思います。「あまり長くやると、作家のほうが危なくなるのではないか。そろそろいいのではないか」と思い、そのように申し上げたわけです。

ただ、堺屋さんは作家ではあるけれども、実際に経済企画庁長官をされた際は、「並みの政治家より、ずっとできる」という感じがありました。

私は、それを見て、「ああ、やはり、本をたくさん読んで書く人は偉《えら》いものだ。政治家などよりは、よく勉強しているので言葉がしっかりしている。そういう人は、知恵袋《ちえぶくろ》、参謀《さんぼう》になれるのだな」と思ったのです。

彼は、中身が非常に危《あや》うかった小渕内閣も支えましたが、森内閣のときには、あまり長く続いてもいけないので、私は降りてもらうように運動しました。

ちなみに、そのあと、二〇〇〇年代の小泉《こいずみ》内閣のころには、竹中平蔵《たけなかへいぞう》さんという、一橋《ひとつばし》大学出身で慶応義塾《けいおうぎじゅく》大学の教授をした方が、堺屋さん的立場で大臣になっています。

竹中さんが大臣になる前に出していた本は、非常に易《やさ》しい軽い本で、主婦でも読めそうな経済の本が多かったため、「こんなに軽いのでは、ちょっと無理なのではないかな」と思いましたが、いざ大臣で入ってみたら、けっこう小泉内閣がしっかりして、彼が知恵袋、参謀になって、わりと長続きしたのです。

そのため、『知は力なり』というけれども、やはり勉強をしていて、物事を知っているということは強いのだな」と思いました。経済学者の本としては、「こんなに軽くていいのかな?」と思いましたが、実際にやってみると、それなりにしっかりしていたのです。

政治家たちは、そんなに勉強しておらず、だいたい、総理大臣になる前に、代理人である他の方、つまり、〝ゴースト〟が書いた本を一冊出すという程度でしょう。ですから、この二人（堺屋氏と竹中氏）を見て、「やはり、自分で勉強して本を書ける人というのはすごいものだな」と、つくづく思ったものです。

石原慎太郎《いしはらしんたろう》さんも、作家を長くやりつつ、議員をやったり、運輸大臣などの大臣もやったり、都知事もされたりしました。どちらかといえば一匹狼《いっぴきおおかみ》だったために、政治家としては最終的な完成まで行かなかったかもしれません。ただ、「小説家といえども、勉強をいろいろしているということは、何らかの知恵の泉になるのだな」ということは感じました。

そういう意味で、「これから政治を目指す方にとって、しっかり勉強をしておくことはいいことだ」と思います。「知は力なり」は、まだ死語ではなく、生きている言葉です。その言葉どおり、よく勉強をしていると明らかに差が出るので、軽い政治家、あるいは大臣などとの差は明白になるでしょう。勉強をしていることは、いずれ外に出てくるものです。

そういうことを、特に申し上げておきたいと思います。

異色《いしょく》の元官僚《かんりょう》・堺屋太一氏の守護霊に訊《き》きたいこと

大川隆法　堺屋さんは、今、八十歳になられていますが、二〇一二年には旭日大綬《きょくじつだいじゅ》章《しょう》も受章されています。勲章《くんしょう》をもらうようになったら、だいたい評価が定まって、

〝引退の年〟なのでしょう。

ただ、気になる点もあるのです。

以前、橋下徹《はしもととおる》さんが、大阪で、「維新《いしん》の会」を立ち上げるとき、堺屋太一さんは、その参謀のようなことをやっていたし、同時に、内閣官房《かんぼう》の参与《さんよ》もやっていました。このあたりについては、「陰《かげ》の仕《し》掛《か》け人」のようなところもあったのかなと思っています。

おそらくは、今も、「維新の会系（おおさか維新の会）」と「安倍《あべ》政権」のほうを裏で結んで、改憲勢力がつくれるように動いているのではないでしょうか。

しかし、数年前に「維新の会」をつくられてしまったために、ある意味で、幸福実現党が政権入りというか、政党としてデビューすることに失敗した面もあるのではないかと思います。

今日は、そのようなことも含《ふく》めて、政治関係の意見も聞いてみたいし、いろいろな政局についての意見も聞いてみたいところです。あるいは、世界についても聞い

●おおさか維新の会　2015年11月に結成された日本の政党。維新の党において、民主党などと連携を取る方針に批判的だった議員が離党し結成した。結成時には橋下徹氏が代表となり、2015年12月からは松井一郎氏が代表、片山虎之助氏が共同代表となった。

てみたいし、幸福実現党について、表面意識では言わないであろうこと、つまり、「本音では、どのように思っているのか」ということも聞いてみたいと思っています。また、経済等についても詳《くわ》しい方ですから、そのあたりの話も聞いてみたいものです。

それ以外には、作家としてもいろいろ書いておられるので、「知的生産の方法」といいますか、そういう「クリエイティブな生き方」、「発想豊かな人の生き方」として、学ぶべきことが何かあるのではないかとも感じています。

堺屋太一さんは異色《いしょく》の元官僚《かんりょう》です。「官僚を辞めたあとクリエイティブになる人」となると、あまり数はいないでしょう。そういう人は非常に少なく、先年亡《な》くなられた岡崎久彦《おかざきひさひこ》さんのように、外交官で、在職中から本を書くというようなこともあるのですが、やはり、全般《ぜんぱん》には極《きわ》めて少なくなります。通常業務、通常事務と資料に埋没《まいぼつ》して、創作までは行かないのが普通でしょう。

そのようなことを念頭に置いておきたいと思います。

秀才《しゅうさい》の兄に続いて東大を目指した堺屋氏の高校時代

大川隆法　ちなみに、「堺屋太一」というペンネームは、大阪の船場《せんば》の商家の跡取《あとと》りでもあったかのような名前でしょう。

堺屋太一さんのお兄さんは、大阪の高校から東大法学部を出たあと、当時の大蔵《おおくら》省、今の財務省に入り、官僚としてはいちばん上のほうまで上がられた方ではないかと思います。お兄さんがそういう秀才《しゅうさい》だったので、彼もそのあとを目指して頑張《がんば》ったようで、東大の経済学部から当時の通産省に入られました。

堺屋さんは大阪の高校三年生のときに、進路指導の先生から、「おまえはどこの大学を受けるんだ」と訊《き》かれ、「東大です」と答えたら、「ああ、東大か。阪大《はんだい》を受けるつもりなら『やめておけ』と言おうと思っていた。それは、『実力的に無理だから入れない』と言うつもりだったけれども、『東大を受ける』というなら話が違う。それなら気が済むまで受けたらいい」というようなことを言われたそうです。

そのような、妙《みょう》な〝ほめ方〟というか煽《あお》られ方をされて、頑張って東大に入ったといいます。

お兄さんが秀才だったため、弟としては、勉強でついていくのが非常に大変だったようですけれども、作家になられたことで、そのへんのストレスは十分に晴らされたのではないでしょうか。

このあたりの話も、ちょっと面白《おもしろ》かったという印象が残っています。

堺屋太一氏のベストセラー小説『団塊《だんかい》の世代』にまつわる思い出

大川隆法　先ほど『油断!』について述べましたが、『団塊《だんかい》の世代』という本も有名になりました。これは、私が社会人になる少し前に流行《はや》り、ベストセラーになった本で、当時のことを覚えています。

それは、私が商社に入ったころの話です。新入社員研修か何かを受けていたときのことですが、人事部長から、いろいろと訊かれる機会があり、私に当たった質問が、「『団塊の世代』について説明してくれ」というものだったのです。

そのときはまだ私も読んでいなかったため、内心、「困ったな」と思いながら、適当にフニャフニャと答えました。「読んでいないものだから、まあ、しょうがない」と思い、何とか適当に笑ってごまかして進めたのですが、部長も「そうですね」と言って過ぎ越《こ》してくれたので助かりました（笑）。

この「団塊の世代」ですが、「戦後ベビーブーマーの時代」といって、私が生まれるより少し前に、非常に人口が増加した時代があったのです。私の時代は、一学年が全国で百五十七万人ぐらいいたのですけれども、私の四つ上の兄の時代には、一学年に百九十万人近くもいて、もう教室が足りず、「四十人学級が五十人学級になり……」というような感じで、膨《ふく》れて膨れて大変な時代でした。

戦後、子供が増えて〝塊《かたまり》〟のようになっている世代があり、この人たちがみな一斉《いっせい》に上がっていき、引退したあとは細《ほそ》ってくるわけですが、「この固まっている世代が中心になっている時代が、いずれ通り過ぎたあとにはどうなるか」というテーマが一つあるのです。今はその時代に入っているわけですけれども、こういうことを訊かれ、本当はその本を知らないのに何とか答えて〝凌《しの》いだ〟のを覚えています。

堺屋さんは、それ以外に、チンギス・ハンなどについても書いていますが、内容的にどの程度の意味があるかは知りませんし、中国のことについて何か意見が出るかどうかも分かりません。

おそらく、「変わった角度」から、「違った発想」で意見を言ってくださると思います。特に、幸福実現党などについては、第三者的に見て、あるいは現実の政治にかかわって、いろいろと裏で糸を引いておられる立場から見ても、別な面から見えているものがあるかもしれないと、今は思っています。

一九九〇年代に盛り上がった「遷都論《せんと》」はどうなったか

大川隆法　それから、一九九〇年代には、「遷都論《せんと》」というものが非常に盛り上がりました。「もし、東京で災害があったとき、一極集中では危ないのではないか。遷都しなければいけないのではないか」という議論が盛り上がったのですが、その中心的な位置に堺屋さんはいたと思います。

ところが、遷都案が国会の衆議院も参議院も通り、何カ所かある遷都先候補のなかからどこにするかを議論している間に、経済がしぼんでいったり、震災《しんさい》があったりして、実際には遷都はありませんでした。

そのように、「十兆円ぐらいかけて遷都しよう」という案があったのです。

しかし、その当時、幸福の科学では、一九九六、七年にすでに、〝宇《う》都《つのみや》宮遷都〟ではありませんが

参議院に参考人として出席し、首都機能移転に賛成意見を述べる堺屋太一氏。(2002年5月15日撮影)

首都機能等移転に関する答申書を受け取る小渕恵三首相(左)。(1999年12月20日撮影)

（笑）、総合本部が二年ほど宇都宮に行っていたときがありました。本部を栃木《とちぎ》県に移したらどうなるか、実際に実験してみたのです。

そのように総合本部を移してみた結果、保養や研修などをするのにはよいけれども、情報発信が極めて厳しくなり、「東京にいるということは、これほどまでに違いがあるのか」という経験をしました。新聞やテレビなど、情報がだいぶ違うわけです。

また、「宇都宮から日本全体に情報を発信したい」という気持ちが、どうしても起きてこなくなっていきました。

さらに、海外がすごく〝遠い〟のです。東京を経由して行けるのですが、海外を非常に遠くに感じて、「情報発信としては難しいのだな。『遷都論』は気をつけたほうがよいのではないか。地方に移ると、だんだんそこの人と同じような思考回路になってくるところがあるので、日本全体のことを考える場合には間違いが起きるのではないか」ということを実体験しました。それで、私も「危ない」と見て、二年以内に慌《あわ》てて東京に帰ってきたわけです。

当時は健在だった景山民夫《かげやまたみお》さんも、宇都宮の本部に来られたときには、「大丈夫《だいじょうぶ》ですか。総合本部の職員の目が、みんなトロンとしてきています。死んだ魚の目のようになってきましたけれども、大丈夫ですか」と言って、心配しておられたのを覚えています。

以前には「福島遷都《せんと》」を考えていた堺屋太一氏の守護霊

大川隆法　また、その当時に、堺屋太一さんの守護霊に話を聞いたところ、会津《あいづ》の殿様《とのさま》だったという人が出てきました。「遷都《せんと》論をやっているが、実は、私は会津の殿様なので、会津に首都を持っていきたいのだ」と言っていたのです。

つまり、「福島遷都」ですね。実は、「福島遷都」を狙《ねら》っていたということを、霊界《れいかい》の情報では知ってしまったわけです。

もし、「福島遷都」をしていたら、その後の大震災で、即座《そくざ》に新首都壊滅《かいめつ》状態になっていたかもしれませんし、あるいは、放射能でみな逃げ出していた可能性もあります。私は、遷都にはあまり賛成していなかったのですが、勘《かん》としてはよかったのかなと思っています。

そういうこともあり、宇都宮を経験してからあとは、首都を地方に移すような考えに対しては、私は基本的には反対しています。大震災のようなこともあるので、福島にしていたら大変なことになったでしょうし、今も、「大阪遷都」ではありませんが、大阪にも首都を置こうと主張している人もいるけれども、やはり、情報発信において狂《くる》いが出るのではないかという心配はあります。

また、すでに亡くなっていますが、評論家で俊英《しゅんえい》の小室直樹《こむろなおき》さんなどは、「徳島《とくしま》遷都」を唱えておられました。何か〝ヨイショ〟でもかかったのかどうかは知りませんが、「魚はうまいし、空気はきれいだ。リニアを引けば一時間で行ける」などと言って、「徳島遷都論」を書いておられたのを覚えています（『大国・日本の逆襲《ぎゃくしゅう》』〔小室直樹著〕）。

ありがたい話ではありますが（注。大川隆法は徳島県出身）、私は基本的には、徳島遷都はやめておいたほうがいいと思っています。それは、前述したことと同じ判断により、やはり、土地柄《がら》によって人々の〝回転数〟が違うので、日本全体に対して迷惑《めいわく》をかけてはならないと思っているからです。

ただ、堺屋太一さんは「分権論者《ぶんけんろんしゃ》」というか、「道州制《どうしゅうせい》」などを非常に強く発信していて、今、その影響《えいきょう》が出ています。結局、大阪の問題や、沖縄《おきなわ》が暴《あば》れていることとも関係がないわけではないと思うので、このあたりについても、多少、議論は出るかもしれません。

では、始めます。

綾織　お願いいたします。

大川隆法　それでは、評論家、作家としてご高名《こうめい》であられる堺屋太一さんの守護霊をお呼びし、幸福の科学総合本部において、さまざまな意見、政治・経済・宗教等についてのご本心を伺いたいと思います。

堺屋太一さんの守護霊よ。

どうぞ、幸福の科学総合本部に降りたまいて、われらの質問にお答えください。

ありがとうございます。


（約五秒間の沈黙《ちんもく》）

2 「堺屋氏」と「政界」の長年にわたる関係

「スッポンのエキスでも飲んでれば、まだまだいけますよ」

堺屋太一守護霊 うーん、まあ、死ぬ前に呼んでいただいたということで……。

綾織 いやいや。今も現役《げんえき》で活躍《かつやく》されていますので……。

堺屋太一守護霊 いやあ、もう死んでからの霊言《れいげん》のほうが本物らしくていいんじゃないの？ 死人に口なしで。

綾織 （笑）

堺屋太一守護霊　あいにく、生きてるからさ。

綾織　びっくりしたのは、本年（二〇一六年）一月から新しい連載《れんさい》を開始されていることです（注。堺屋太一氏は「週刊エコノミスト」に小説「三度目の日本 2027」を連載中）。やはり、「まだまだ頑張《がんば》られているのだな」というように思いました（笑）。

堺屋太一守護霊　いやあ、それはね、スッポンのエキスでも飲んどりゃあ、まだまだ八十でもいけますよ。

綾織　そうですか。

堺屋太一守護霊　うん。まだまだですよ。それは、いけますよ。

「宗教」についても訊《き》かれることに対する感想

綾織　いろいろな作品を書かれているなかで、今日は守護霊様ということで、「政治・経済」はもとより、「宗教」についても少し……。

堺屋太一守護霊　いやあ、そんな……。

綾織　宗教については、これまであまり語られていないので、今回、政治や経済と一緒《いっしょ》に開示していただければと思います。

堺屋太一守護霊　〝いじめ〟かもしれないけどね。

綾織　いえいえ（笑）。

堺屋太一守護霊　〝最後のいじめ〟が待ってるんじゃないの？

綾織　とんでもありません。

堺屋太一守護霊　「政治と経済について言いたいことを言わせて、最後、宗教でストンと落とす」という……。

綾織　いやいや、落ちるかどうかは分かりませんけれども。

堺屋太一守護霊　ええ？　うーん。どうかなあ……。

綾織　すごくいいお話が聞けると、今日は期待しています。

堺屋太一守護霊　うーん……。

大阪《おおさか》維新《いしん》の会や安倍《あべ》政権への応援《おうえん》は「隠居《いんきょ》の道楽《どうらく》」？

綾織　まず、政治のところから入っていきたいと思います。

堺屋先生は、ものを書く部分も現役であり、かつ政界のなかで、〝後ろのほうから〟と言うと少し言葉は悪いのですが、いろいろな人の応援《おうえん》をされているという部分でも現役でいらっしゃいます。

例えば、近年では、橋下徹《はしもととおる》元大阪《おおさか》市長の「●大阪《おおさか》維新《いしん》の会」ですね。

堺屋太一守護霊　うん、うん、うん、うん。

●**大阪維新の会**　2010年4月に結成された日本の政治団体のこと。当時の大阪府知事であった橋下徹氏が結成。2012年には、この組織をもとに「日本維新の会」（国政政党）ができ、2014年には党名を変更して「維新の党」となる。2015年には、内紛によって維新の党から離党した議員が「おおさか維新の会」を結成した。

綾織　ここのバックアップをされていますし、安倍《あべ》政権のアドバイザー的な立場でもいらっしゃいます。

このあたりが、今後の政治を考えていく上でも、中心的な台風の目になるのかどうかは分かりませんが、政界をリードしていくようなところにいらっしゃいます。

堺屋太一守護霊　いやあ、それは違《ちが》うよ。

綾織　違うんですか？

堺屋太一守護霊　ご隠居《いんきょ》さんのねえ、道楽《どうらく》ですからね。

綾織　ああ、道楽ですか（笑）。

大阪市長選挙が告示され、街頭演説する橋下徹氏（左）と応援に駆けつけた堺屋太一氏（右）。（2011 年 11 月 13 日撮影）

堺屋太一守護霊　あんまり、あなたね、そう重大視しちゃいけないよ。

綾織　なるほど。

堺屋太一守護霊　ご隠居の道楽でチョッチョッと突《つつ》いて、まだ欲望がこの世に渦巻《うずま》いて残ってるところをお見せしているだけでね。〝若返りの秘訣《ひけつ》〟として、少しいろいろ突いたら面白《おもしろ》いからやってるだけで、本気じゃないので、そんなに追及《ついきゅう》しないでくださいよ。

綾織　そうなんですか。

堺屋太一守護霊　本気じゃないよ。そんなに本気じゃないから。

「橋下徹《はしもととおる》氏をモデルにした小説」を連載《れんさい》している理由

綾織　それにしては、この一月から、「エコノミスト」という週刊誌に、新連載《れんさい》として、明らかに橋下徹《はしもととおる》さんをモデルにした小説を書かれています。「これは、ものすごい身の入れ具合だな」と思ってしまったのですが、いかがでしょうか。

堺屋太一守護霊　いやあ、もう年取ったからね、ボケてきたかもしれないね。もう感覚がボケてるのかもしれない。

私も大阪だからね。大阪だから、なんかちょっと大阪に思い入れはあるわけよ。昔はさ、大阪城があったりして、大阪が政治・経済の中心だったからね。だから、何となく「大阪に活気を戻《もど》したい」っていう感じがちょっとあるじゃない。大阪の有名な経営者たちもたくさん死んじゃったしね。いなくなったし、ちょっと寂《さみ》しいですね。

「なんか活気がほしいな」っていうところで、〝趣味《しゅみ》〟のレベルで橋下さんを突いてね、今、やってるだけなんですよ。大したことないですから。

安倍《あべ》政権の「内閣官房参与《かんぼうさんよ》」として考えていることとは

綾織　安倍《あべ》さんのほうは、いかがですか？

堺屋太一守護霊　えっ？　えっ？

綾織　安倍政権に対しても、「内閣官房参与《かんぼうさんよ》」というかたちで、かかわられていますけれども。

堺屋太一守護霊　うーん、アッハッハッハ（笑）。いやあ、それは……、なかなか細《こま》かいなあ（笑）。それはね、安倍さんも、なかなか〝三分の二〟を取れないからね。

綾織　ああ……。

堺屋太一守護霊　公明党と連立してても、なんかさ、なかなか「反対ばっかりする」じゃない。ブレーキばっかり踏《ふ》むんで、前へ進まないんだよね。改革したくてもなあ。

だから、やっぱり、ちょっと保守系の野党をつくって、ある程度の数になって、足したら三分の二ぐらいになりゃあ、いろいろなことがスーッと進むだろうと思って、それで〝仕掛《しか》けた〟ところもあるんだけどね。

綾織　ああ。なるほど、なるほど。

堺屋太一守護霊　公明党を嫌《きら》ってるわけじゃないけれども、「ブレーキ」だよな。

自分たちでも言ってるけど、ブレーキを踏むだけで、「連立して、ちょっとどうかなあ」っていうところはあるわね。

綾織　堺屋先生からは、安全保障や憲法論議についてはあまりお伺《うかが》いしたことがないのですけれども……。

堺屋太一守護霊　なるほど。

綾織　「そうした保守系の多数派勢力をある程度つくって、憲法改正まで持っていきたいな」というお気持ちなのでしょうか。

堺屋太一守護霊　うーん。それは分《ぶん》を知ってるからね。やっぱりさ、自分の頭の限界は知ってるから、そういう〝法学部マター〟にはあまり口を出さないところで抑《おさ》えて、やっぱり「経済」の範囲《はんい》のほうで、なるべくやろうとしているわけよ。

なぜ「経済企画庁長官《きかくちょう》」を引き受けたのか

加藤　本日は貴重な機会を頂きまして、本当にありがとうございます。今、政治の話になっていますが、今日、堺屋先生の守護霊様にぜひお伺いしたいのは、小渕《おぶち》内閣、それから、森《もり》内閣のときの経済企画庁《きかくちょう》長官を務められたときのことです。

堺屋太一守護霊　はい、はい。

加藤　やはり、あのときは、本当に大変だったと思います。前橋本《はしもと》政権のときには消費税引き上げに緊縮《きんしゅく》財政、それに、アジア通貨危機もございました。

堺屋太一守護霊　はい、はい、はい、はい。

加藤　そのようななかで、山一証券《やまいちしょうけん》の廃業《はいぎょう》や北海道拓殖《たくしょく》銀行の経営破綻《はたん》……。

堺屋太一守護霊　ああ、よう勉強してるなあ、君。手強《てごわ》いなあ。ほどほどで、君、引っ込《こ》んでくれたら……。

加藤　いえ（苦笑）。あとは、長銀《ちょうぎん》系ですね。長銀（日本長期信用銀行）や日債銀《にっさいぎん》（日本債券信用銀行）が破綻したりしましたけれども……。

堺屋太一守護霊　おお……、細かい。

加藤　「あのタイミングで、よく経企庁長官をお引き受けになったな」と……。

堺屋太一守護霊　いやあ、いちおう私も、〝腹芸《はらげい》〟というか、〝腹話術《ふくわじゅつ》〟というようなな、ちょっと何でも知ってるような顔をして出ることができる能力を身につけているんでね。何となく座《すわ》って、「はあ、ふん。任しときなさい。全部分かってます。もう経済関係は全部分かってます」みたいな顔をして出ておれば、みんなが落ち着くのよ。そして、大人しくなる。それだけの役割でいてね、中身は別に……。

加藤　やはり、これは、当時の小渕総理からの〝一本釣《づ》り〟だったのですか。

堺屋太一守護霊　うーん……、それは、小渕さんは謙《けん》

米国財界人との昼食懇談会に臨む小渕恵三首相（中央）と堺屋太一経済企画庁長官（右）。（ワシントンのブレアハウスにて、1999年5月2日撮影）

虚《きょ》な人だからねえ（笑）。謙虚な人だから、「もう全部任すから、よろしく頼《たの》む」みたいな感じでくるんでさあ。腰《こし》が低い方やったからね。

あまり競争心があるような政治家だと一緒にやれないんでなあ。一緒になったら、ちょっとぶつかるから。けっこう喧嘩《けんか》でぶつかったりするからさあ。

小渕さんには、そういうことはなかったんで。非常に、諸葛孔明《しょかつこうめい》でも迎《むか》えるような感じで言ってくれたのでさ、いちおう努力はしましたけどね。

小渕《おぶち》政権のときに「二千円札」の発行を決めた理由

加藤　ただ、当時の小渕《おぶち》政権は、もう小渕総理が「世界一の借金王」と、自嘲《じちょう》気味におっしゃったぐらい大胆《だいたん》な公共投資や積極的な財政出動に加えて、やはり、堺屋長官の成長戦略のところがいいかたちでミックスして……。

堺屋太一守護霊　（笑）

加藤　何とか危機を乗り越《こ》えられたのではないかと見てはいるのですけれども、実際、首相の参謀《さんぼう》役として、当時を振《ふ》り返ってみて、いかがだったのでしょうか。

堺屋太一守護霊　どうだったかねえ。例えば、二千円札の発行とか、あれはどうだね？　失敗かね？　世間《せけん》で、記憶《きおく》で……。

綾織　どこに行ったんでしょうね（笑）。

堺屋太一守護霊　なくなったね。「どこに行ったんだろう」っていう感じで。「千円札を二千円札にしたら、消費が二倍になるんじゃないか」って、ちょっと、あまり

2000年7月に発行された二千円紙幣。表面には、沖縄県那覇市にある守礼門《しゅれいもん》、裏面には源氏物語絵巻「鈴虫」の巻の詞書《ことばがき》、および紫式部、光源氏、冷泉院《れいぜいいん》の肖像画が印刷されている。

にも単純だったね（会場笑）。発想法的には面白かったけど。

加藤　あれは、やはりデフレ脱却《だっきゃく》が目的だったのですか。

堺屋太一守護霊　うん、そうなんだよ。安倍さんがやるのと同じようなことをしようとしたんだけどね。二千円札にしたら、なんか、「釣り銭は面倒《めんどう》くさい。もう二千円分買っちゃおうか」なんていうような感じで動いてくれないかなあというインセンティブ（誘引《ゆういん》）だったんだけど、実際は二千円札が出回らなくて消えてしまったね。

思うようにいかんもんだね。そんなに、なんか、骨を投げて、犬に「取りに行ってこい。くわえてこい」っていうような感じには、人間は動かんもんだなあ。

3　日本はすでに〝死に体《たい》〟になっている

堺屋太一氏守護霊は「消費税増税」をどう見ているのか

綾織　当時としては、「消費税増税をしたら、かなり経済がガタガタになっていって、小渕《おぶち》政権が生まれた」ということなのですけれども、ある意味で、安倍《あべ》政権も同じような状況《じょうきょう》を迎《むか》えています。

堺屋太一守護霊　そうだね。

綾織　いちおう、地上の堺屋先生は、「消費税増税はやむをえないかな」ということをおっしゃっているのですけれども、本音のところでは、どう見られているのでしょうか。

堺屋太一守護霊　（笑）いやあ、それは経済学的に見りゃあさ、国を企業《きぎょう》にたとえて正しいかどうかは知らんけどね、巨大《きょだい》企業と見たら、もう完全に〝死に体《たい》〟だよね。

はっきり言うて、これは、もうあらゆる医学データを取って、完全に終わりですわ。もう血圧は二百を超《こ》えてて、心拍数《しんぱくすう》も百十を超えて、糖尿病《とうにょうびょう》はたくさん感知されるしね。もう悪いデータばかり、いっぱい出ている状態ですから、何とかしなきゃいけないのは何とかしなきゃいけないんだけど、「とにかく延命措置《えんめいそち》ばかりやってる」っていう状況ではあるわな。

健康な人の体に戻《もど》すためには治療《ちりょう》しなきゃいけないけど、もはや治療ができるかどうかが分からないような状態で、とりあえず、点滴《てんてき》をして生き延びてる状態かな。

「JAL《ジャル》を再建した稲盛《いなもり》さんに総理をやってもらえよ」

綾織　もし堺屋先生が、今、もう二十歳《さい》ぐらい若くて、何か手腕《しゅわん》を振《ふ》るえるような立場に立つとしたら、延命措置ばかりでどうしようもない状況になっているこの国に対して、何をなさいますか。

堺屋太一守護霊　いや、もうね、政治家としては「早く死ぬ」のがいちばん〝幸福〟だと思いますね。

綾織　（笑）

堺屋太一守護霊　これ、長生きして責任を持たされたら、たまったもんじゃない。もうどうしようもないですよ、これ。絶対、〝倒産《とうさん》〟ですもん。

綾織　なるほど。

堺屋太一守護霊　もう企業として見たら、「社長をやれ」って言われて、これを再建できる人はまずいないね。

もう、それこそ、あんたがたの本に何かチラッと出てましたけども。「ＪＡＬ《ジャル》の再建ができるなら総理ができる」とかなんか言ってたが（『松下幸之助《まつしたこうのすけ》 日本を叱《しか》る』〔幸福の科学出版刊〕参照）、稲盛《いなもり》さんがＪＡＬを再建したんだから、稲盛さんにやってもらえよ。

綾織　ああ、なるほど。

『稲盛和夫守護霊が語る 仏法と経営の厳しさについて』
（幸福の科学出版刊）

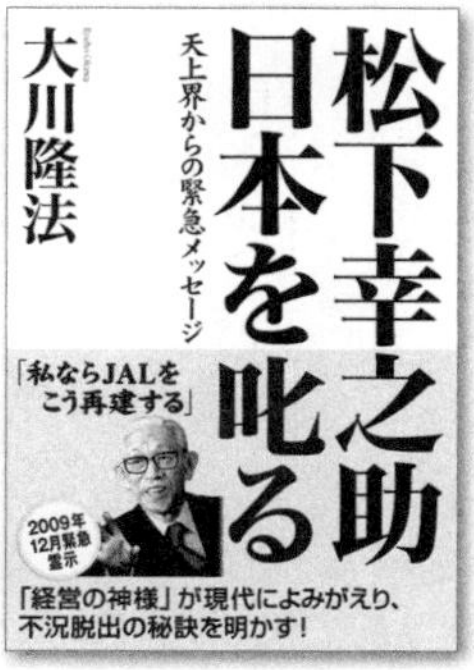

『松下幸之助 日本を叱る ―― 天上界からの緊急メッセージ ――』
（幸福の科学出版刊）

堺屋太一守護霊　やるかもしれない。あのくらいねえ、政治家じゃないほうがやれるよ。「（再建が）終わったら帰りますから」という感じで、「三年間でやらせてもらいます」って言うて。ああいう感じで、〝帰るところ〟がある人にやってもらったらできるかもしらんけど、政治家にはできないね。（選挙に）必ず落ちるから。

「政府の大リストラ」は、政治家にはできない

加藤　今、消費税のお話が出ましたが、地上の堺屋太一先生は、橋本《はしもと》内閣のときに、消費税の五パーセントへの引き上げに対して、かなり痛烈《つうれつ》に批判しておられたと思います。

堺屋太一守護霊　うーん。あんた、細《こま》かいねえ。勉強しすぎとるんと違《ちが》うか？　大丈夫《だいじょうぶ》か？

加藤　すみません（苦笑）。でも、「五パーセントから八パーセントに上げ、八パーセントから十パーセントに上げていく」という今の流れは、よろしいのでしょうか。

堺屋太一守護霊　いや、それはね、よろしくはないですよ。

加藤　よろしくはない？

堺屋太一守護霊　よろしくはないですよ。よろしくは……（笑）。いや、根本的には治療ができていないのに、なんかインシュリンでも打ってるような感じかな。まあ、そんな感じですかね。「インシュリンを打つと、ときどき瞳孔《どうこう》が開《ひら》いて、元気になったように見える」みたいな、そんな感じかな。

それで、いずれは、どうしても、これは〝死ぬ体《からだ》〟ですね、どう見ても。

綾織　やれるとしたら、稲盛さんがＪＡＬのときに行《おこな》ったような大リストラがあって……。

堺屋太一守護霊　ただ、それをやったら、首相として絶対人気がなくなるし、国会議員としては確実に落選しますから、そういう人じゃない人にやってもらわなければ駄目《だめ》でしょうね。

関係がなくて、社会的に名声があって、本人としては、ちゃんと「帰る場所」があって、どんなにドライなことをやっても暗殺されないぐらいの立場にある人にやってもらえば、できるかもしらん。

いや、大川隆法先生なんかいいんじゃないですかね。「幸福の科学はちょっと置いといて、（国会議員として）十年ぐらい〝差し出して〟、もうドラスティック（徹《てっ》底的《てい》）に斬《き》りまくって、あとは洞窟《どうくつ》かなんかに籠《こ》もって修行《しゅぎょう》に入る」とか。ええ？

綾織　大川隆法総裁はお忙《いそが》しいですし、宗教が本分《ほんぶん》ですので……。

堺屋太一守護霊　政治家だと落ちるよね。やっぱり本気でやったら、何をやっても落ちるので。

だから、ご機嫌《きげん》を取ったらね、体は〝もっと悪く〟なる。まあ、〝砂糖摂《と》り放題、ご飯《はん》食べ放題、運動不足、骨はグニャグニャ〟。もうそんな状態だね。

堺屋太一氏守護霊が見てきた「官僚《かんりょう》の病巣《びょうそう》」とは

綾織　こうした今の借金というのは、堺屋先生がずっと問題意識を持たれてきた官《かん》僚《りょう》主導の政府のあり方、つまり、「官僚がいろいろな規制をして、社会そのものを縛《しば》っている」という部分から出てきているような気はするのですけれども。

堺屋太一守護霊　うん、それはそうだよ。いちおう、経験値としてね、「官僚の世界」をいちばんよく知ってるからさ。それで官僚批判がややきついかもしれないし、〝身内〟に厳しすぎるかもしれないけど、官僚組織では偉《えら》くなりそうにもないから、筆一本で立つことを決めた人間として、少し恨《うら》みもあるからさ。

綾織　（苦笑）

堺屋太一守護霊　兄貴みたいに出世しそうにないから、独立してやったので。あの薄情《はくじょう》な世界については、少しね。

（官僚の世界というのは）もう、「ミスしなきゃいい。事《こと》なきを得ればいい」というような社会ですよ。そんなんじゃねえ、一般《いっぱん》の人は（仕事など）できないし、「自由業」なんか特に駄目ですよね。どんどん、自分なりに次々と仕《し》掛《か》けていかなきゃいけないから。

そういうわけで、ほかのところにもあるんだろうけど、「官僚の病巣《びょうそう》」みたいなものはよく見てきたので、言う義務があるかなと思って言ってはいるんだけども。

いやあ、これは本当にね、とにかく優秀《ゆうしゅう》な人を集めたはずなのに、無能集団になっていくんだよね。「なんでこうなるのか」と思うぐらい、無能になっていくんですよね。

本当に事なかれ主義で「減点主義」、「失敗しなかったらいい」ということになるので、結局、何もしない人が偉くなっていって、積極的にやった人は、おそらく責任を取らされて消えていくんですよね。

たぶん、大企業にもその傾向《けいこう》はあるけどね。

「官僚《かんりょう》制のよかった時代は、バブル時代と共に終わったかな」

加藤　官僚《かんりょう》組織の本流のなかにずっとおられたからこそ、「官僚主義の限界」というものを、いちばん感じていらっしゃるのかなと思います。

ただ、堺屋先生ご自身は、例えば、大阪万博《おおさかばんぱく》や沖縄《おきなわ》海洋博など、なかなか斬新《ざんしん》な提案というか、企画もされています。

その意味で、もう一段、現在の官僚もそれなりの付加価値の出し方というものは、ないのでしょうか。

堺屋太一守護霊　いやあ、それは、手がけたと言うたってさ、「企業みたいに、採算を取って事業を成功させた」という意味じゃないからね。「そういう役割をもらって、それなりに見えるようにできた。ＰＲができた」、あるいは、「実現ができた」というだけのこ

日本万国博覧会（大阪万博）の会場風景。77カ国が参加し、開催期間中の総入場者数は約6400万人に上った。（1970年3月15日撮影）

とだからね。「経営者みたいな人が、何か大きな事業をやって成功した」っていうのとは意味が違うから、その点の限界は、自分でもよく分かってるので。

それは、自分で言ってるし、自分の筆でやったように書いてるからさ、反論する人もいないだろうけどね。そんな実績では駄目だわな。そんなのでは何にもならないので。

いやあ、官僚制も百何十年の害かな。例えば、先の太平洋戦争での敗北も、官僚制の問題だろうね。もう軍部が官僚制とほとんど変わらなくなっていたことによる「柔軟《じゅうなん》さの欠如《けつじょ》」、「柔軟な発想・自由な発想の欠如」が失敗を生んでると思う。

それに戦後も、最初はもう一回ゼロから始まったんだけど、また元どおり、官僚制が完成されてきた。護送船団《ごそうせんだん》方式的に企業を育ててるうちはよかったんだがな。通産省（現・経済産業省）なんかも、あのときはよかったけど、みんなが力を持ってき始めたら、今度は……。

何と言うか、廃墟《はいきょ》から立ち上げていくときは、やっぱり、国のほうが主導してやらないと、なかなかいかないところはあると思うんだけど、企業が力を持ってきて大きくなってきたら、今度は（官僚が）阻害要因《そがい》になるんだな。「いちいち許可をもらわなきゃいけない」というような許認可行政《きょにんかぎょうせい》で、もう何にも自由にできなくなって、邪魔《じゃま》になって、「いっそ潰《つぶ》れてくれたほうがいいのに」って思われるようになってきているのにもかかわらず、力を持ち続けていようとするからさ。このへんの競争はあったわな。

官僚制のよかった時代について、『通産省と日本の奇跡《きせき》』（チャーマーズ・ジョンソン著）みたいなことを言う場合もあるんだけど、「そういうよき時代は、バブル時代と共に終わったかな」という感じかね。

4 「遷都《せんと》論」の真意に迫《せま》る

「経済」と「政治」を分ける目的とは

綾織　そのための、ある意味での外科《げか》手術として、堺屋先生は「遷都《せんと》論」を主導されました。そして、〝とある情報〟によれば、「福島あたりに持ってきたらどうか」と希望されていました。

堺屋太一守護霊　ヘッヘッヘッヘッヘッヘッ（笑）。まあ、それは、「なし」にしようよ。もう今言ったらバカに見えるから、それは「なし」にしよう。

綾織　（笑）それは、「官僚《かんりょう》組織にメスを入れる」という問題意識だったと思うのですけれども、ある意味で、その部分は、何らかのかたちで必要なのかなとは思います。

堺屋太一守護霊　昔から、新しい時代をつくろうとするときには、遷都をよくやってるじゃない。それで、遷都をやった天皇とか将軍もそうだけど、名前を上げるじゃないですか。

そういうこともあるし、外国でも分けてるところもあるからさ。「最大の都市」と、そういう「政治都市」とを分けて、〝二眼《にがん》レフ〟になって、うまくいってるところもあるからさ。

「日本も小さいけど、そういう可能性もあるのかな」ということを考えたんだけどね。中心点を東京から少し移すことによって、「経済的繁栄《はんえい》」と「政治的繁栄」を別につくれば、権力の一極集中を弱くすることができて……。

それが今は、全部、東京に来て官僚にお伺《うかが》いを立てないと、何にも進まないようになってるからね。

だから、おそらく、「これを外すのがいい」という、そんな考えに基《もと》づいて、「中央官庁の一部を地方に移そうか」という運動を今やってるんだろうと思うけど、大川隆法さん的に言ったら、「バカなことはやめて、(官庁を)廃止《はいし》しなさい」っておっしゃる。

企業家《きぎょうか》としては、そう考えるのが筋《すじ》なのかなとは思うけども、「(官庁を)東京に置いとかない」だけでも権力が少し落ちるからね。それだけでも、「よくなるかな」とは思うんですが、やや性悪説《せいあくせつ》であることは事実だね。官僚性悪説。

「遷都《せんと》することで、新しい政治ができることもある」

綾織　堺屋先生は、「大阪維新《おおさかいしん》の会」を応援《おうえん》されて、道州制や地方分権というのを、今も強く主張されていますけれども、本当に、「大阪維新の会」を応援して、それを進めていってよいものなのでしょうか。

堺屋太一守護霊　分からんけどさあ。

綾織　それは分からないですか（笑）。

堺屋太一守護霊　分からんけど、福島が駄目《だめ》だったら、それは大阪でもいいじゃない？　そうだよ、（豊臣《とよとみ》）秀吉《ひでよし》の繁栄がね、もう一回、戻《もど》ってくるかもしれないじゃないですか。ねえ？

大阪城、いいじゃないですか。別におかしくはない。ある意味では、日本の中心あたりにあるかもしれないし。

綾織　それは、単純に、「リニアを通せばいい」という話ではないのでしょうか。

堺屋太一守護霊　そういう考えもある。そういう考えもあるけどさ。

綾織　大阪は、それで、おそらく発展すると思います。

堺屋太一守護霊　やっぱり、「歴史をつくる」っていうのはさあ、何かやらないと歴史に遺《のこ》らないからさ。目に見えるかたちに何かしないと。ちょっと、小手先《こてさき》で改革しても分からないけど、目に見えるかたちでやると意識が変わる。

例えば、奈良《なら》に首都があっても、僧侶《そうりょ》の勢力とか旧豪族《ごうぞく》の勢力とかが強すぎたら、やはり逃《に》げ出して、「平安京《へいあんきょう》」を開く。なあ？　そして、京都千年の都《みやこ》を開いた天皇（桓武《かんむ》天皇）は、名前が遺るわな。

奈良と京都だと、大して違《ちが》いはないけどね。ほんのちょっとだけど。奈良に愛着のあった人たちは、なかなか行けないじゃない。ねえ？　そしたら、新しい政治ができることもあるから。

「もし、遷都《せんと》することで、新しいタイプの政治家がそれに便乗することができれば、まったく違った世界をつくれるかもしれない」ということで。そしたら、若い橋下《はしもと》君あたりが、〝外科手術〟を、何か思い切ったことをやればいい。

あれ、トリックスターだからね。変わったことをするからさ。常識の反対をするから、やったら面白《おもしろ》い。

綾織　面白い？（笑）

堺屋太一守護霊　面白いと言ったら面白いけど、ドナルド・トランプよりはだいぶ若いからさ。「もしかしたら、もっと面白いことができるんじゃないかなあ」っていう期待はちょっとあったかな。

「事業部制」や「分権制」のようにすれば成功することはありえる

加藤　「遷都」と「地方分権」というのは、共通的な意味合いもありますけれども、また、似《に》て非《ひ》なるものもあると思います。

堺屋先生の守護霊様としては、どちらかといえば、「現実的なところで、地方分権のほうに力点を置いてやるべきだ」と考えていらっしゃるのでしょうか。

堺屋太一守護霊　うーん、君なんかも、ちょっとは役人の世界を知ってるんじゃないかとは思うけどさ（注。質問者の加藤は、神奈川《かながわ》県庁の財政課に勤めていたことがある）。屋上屋《おくじょうおく》を架《か》されて、大変なんだよな。もう、ほんとに進まない。一向に進まないので。

せめて、何て言うかなあ。ちょっと古いかもしれないけど、松下幸之助《まつしたこうのすけ》さん的な考えで、「事業部制」的なものかもしれないし、あるいは、ドラッカーの言ってる

「分権制」かもしれないけども、事業体を小さくしたら、能力が低い人でも、成功させることができることはあるので。そういうところに権限委譲《いじょう》して、それぞれの県とか道州とかで特色のあることをやれば、それには成功するということはありえるんじゃないかなと思ったんだけど。

大川隆法先生は、ちょっと違う考えが少しおありで、「中央集権派」のようなので。どうも、このへんが嚙《か》み合わないようで、「なかなか、私の霊言集《れいげんしゅう》を出してくれないなあ」とは思ってはいたんだけどね。「意見が違うから、出してくれないんだろうなあ」とはね。

加藤　ただ、実際、アメリカやドイツのような連邦《れんぽう》国家は、本当に努力して、中央集権を維持しようとしています。

例えば、今、沖縄《おきなわ》では、翁長《おなが》知事が、外交政策にもかなり口を出してきています。これが国家としても、外交上、非常に難しい問題になってきて現実的な問題になっているわけです。

堺屋太一守護霊　憲法学者も左翼《さよく》が多いからね。「憲法を左翼的に解釈《かいしゃく》すれば、地方自治のほうをもうちょっと強くできるのではないか」っていうふうなことを考える人もいるしね。このへんは難しいなあ。

それと、日本は伝統的に、「ファシズムの幻影《げんえい》」みたいなものを怖《こわ》がってるところはあるからね。「安倍《あべ》さんにちょっとその気配《けはい》が出てきた」っていうことで、少し怖がってきてるから、また分権制みたいなのは少し強くなってくるかもしれないね。

あと、私だけじゃなくて、松下政経塾《せいけいじゅく》系の出身者たちも、幸之助さんの薫陶《くんとう》を受けてるからさ。「地方分権みたいなのを推進する」っていうのは、考えのなかに一つ入ってる。やっぱり、そういう方向で動いてる人たちも政治家ではいるからね。

5 「今、必要なのは、破壊《はかい》して、引退できる人」

何十年も前から「社会保障の問題」を指摘《してき》していた堺屋太一氏

綾織　先ほど、「政府は延命されている状態だ」というお話がありました。その一つの大きな要因としては、団塊《だんかい》の世代とそれ以降の世代との、「社会保障の問題」があると思います。堺屋先生は、（著作の）『団塊の世代』のなかにも、「一部、世代間対立のようなものが起きてくる」というようなことを書かれていましたが、数十年も前の時点でこのことを指摘《してき》されていて、実際、今、まさにそれが起こっていて、特に、「社会保障の問題への処方箋《しょほうせん》」という答えが、なかなか出せないところです。

堺屋太一守護霊　社会保障ね。いや、いずれ死ぬからさ。〝待つ〟しかないよね？

綾織　（苦笑）

堺屋太一守護霊　待ってたらみんな死ぬからさ、年を取って。もう、死んでくれれば、解決はするから。人口は減ってくるから、その間、ちょっとだけね。政治のほうが、いろんな声を聞いたら、「苦しい」っていうことだな。

だから、私も八十（歳《さい》）でも、まだ（著作を）書いてるっていうのは、「自分で収入を得る道」？　幸福の科学が言っているように、私もちゃんと働いているわけですよ（『生涯現役《しょうがいげんえき》人生』『エイジレス成功法』〔共に幸福の科学出版刊〕参照）、生涯現役に向けてね。やっぱり、「老人が自分の稼《かせ》ぎで食っていけるような社会」を目指したら、後世の

『生涯現役人生』
（幸福の科学出版刊）

人たちの負担が減りますからね。

綾織　まさに、「働き続けること」ぐらいしか、解決策はないということですね。

堺屋太一守護霊　体がね、もし、十年も二十年も入院したくないレベルで、健康維《い》持《じ》できればね。それは、頭がしっかりして、仕事が何かあるのが、いちばんいいことだろうとは思うけどね。

今の、社会福祉《ふくし》がどんどん大きくなっていくスタイルだったら、そらあ、もう（笑）、もたないのは明らかだね。

これはね、もしかしたら、もうすでに〝動き〟はあるかもしれませんよ。金正恩《キムジョンウン》とか、ああいう人たちに、「なるべく年寄りが集まってるところを中心に撃《う》ち込《こ》んでくれ」とか言って頼《たの》んでる可能性があるよ、気をつけないと。「そしたら、人口

『エイジレス成功法』
（幸福の科学出版刊）

減になっていい」とか言って。老人を一カ所に集められないように気をつけないと、危ないよ。

綾織　さすがに、そこまではないと思うんですけども（苦笑）。

橋下徹《はしもととおる》氏を推《お》す本当の狙《ねら》いとは

綾織　一つ、ぜひお伺《うかが》いしておきたいと思うのは、「本音の部分で、橋下徹《はしもととおる》さんをどのように評価されているのか」ということです。

先ほどは、「面白《おもしろ》いことをやってくれるんじゃないか。若いから、何かやってくれそうだ」ということだったのですが、この方の政治家としての将来を、どのぐらい買っていらっしゃるのでしょうか。

堺屋太一守護霊　スター性はあるし、動きは俊敏《しゅんびん》だし、頭の回転も早いし。官僚《かんりょう》制とはちょっと似て非なるものを持っていることは事実ですから。官僚制の動かない、ガチガチの部分を変えるなら、こういう「トリックスター的」で、しかも、「カリスマ性」を演出できて、テレビ時代にも合ったような人に、ちょっと活躍《かつやく》してもらうといいのかなあと。

彼は、「永田町《ながたちょう》で当選を何回も重ねて、大臣になって、総理を目指す人たち」と比べても、言論能力ではけっこう高いところはあるからね。そういう人たちも自分の頭で考える力がないのは知ってるからさ。

自分でいちおう、ある程度、演出することはできるのでね。年齢《ねんれい》的にやや足りない面はあるかもしれないけど。

「創造の前の破壊《はかい》」っていうかな。

綾織　ああ。破壊。

橋下徹氏守護霊に政治家としての志を訊いた『徹底霊査　橋下徹は宰相の器か』(幸福実現党刊)。

堺屋太一守護霊　そういう〝ぶち壊《こわ》し屋〟としては、これは面白いんじゃないかな。（都構想を）大阪《おおさか》に持っていけなかったら、この次は、国政に出るかもしれないとは思うけども。国政に出て、中央官庁を破壊してくれたらさあ、ゴジラみたいに壊してくれたら、面白いじゃないですか。

綾織　なるほど。そういう意外さがあるということですね。

堺屋太一守護霊　ああ。それで、弁護士の資格も持ってるんだから、いつでも引退するなりしたらいいんだからさ。破壊するだけして、引退できる。だいたい、今、必要な人はね、「破壊して、引退できる人」なんですよ。そういう人がほしいんですよね。

引退したくない人は、やっぱり、駄目《だめ》なんですよ、破壊できないから。そのなかで〝甘《あま》い汁《しる》〟を吸わなきゃいけないので。引退可能であって、破壊力がある方。これが今、ニーズなんですよね。

綾織　なるほど。真意がよく分かりました。

堺屋太一守護霊　彼が最適かどうかは分かりませんけども、今は、それだけの演技をしてみせられる人が、そんなにいないんで。彼が駄目なら、意外に、レーガンとかさ、シュワルツェネッガーのふりをした俳優かなんかに総理をやってもらったら、ほんとにうまくやるかもしれないので（笑）。「振付師《ふりつけし》」だけちゃんといれば。

6　堺屋太一氏守護霊は日本外交をどう読むか

トランプ氏は、「あと十キロ減量すれば大統領になれる」？

綾織　その文脈で、アメリカのトランプさんについてお伺《うかが》いしたいと思います。今、彼は共和党の候補者レースのトップに立っていますが、メディアを通して見るだけでは、いろいろな批判が高まっていて、本質の部分があまり見えてこないところもあります。堺屋先生は、このあたりをどのようにご覧になりますでしょうか。

堺屋太一守護霊　トランプさんも面白《おもしろ》いけどね。あと十キロ減量に成功したら、あれは、大統領になれる可能性はあるね。十キロ減量。あと、できたら、年齢《ねんれい》があと五歳《さい》は若かったら、もっとよかったね。

綾織　なるほど。

堺屋太一守護霊　できれば、あと五歳から十歳、若かったらよかったけどね。オバマのほうが若いんじゃねえ。やっぱり、ちょっとつらいね。

綾織　ただ、ヒラリー・クリントンさんと横に並んだら、同じくらいの年齢ですけどね。

堺屋太一守護霊　アメリカとしてはさ、若い国だから、「若々しさ」ってすごいプラスの評価だからね。ケネディ的イメージとかさ、ビル・クリントンが出たときも若かったよね。あれも若かったし、オバマさんも出たのは四十代くらいだったかな。

トランプ人気の秘密を探った『守護霊インタビュー　ドナルド・トランプ　アメリカ復活への戦略』（幸福の科学出版刊）。

だから、若い、救世主的な大統領が出てくるのを、アメリカ国民は望んでるからさ。（トランプ氏は）ちょっと年を取ってるのと、ダイエットができない自制心のなさが、最終的に生き残れないんじゃないかなあって。印象的にね。そんな感じはあるけど、どうだろうか？

綾織　接戦になれば、最終的にそこが分かれ目になる可能性はありますね。

堺屋太一守護霊　そう。そのとおり。それが、スマートでかっこよければさ、女性キャスターなんかにも人気がもうちょっと出るんだけどね。だけど、（トランプ氏が）「トリックスター」っていうところは、橋下《はしもと》君なんかと似たところがあるなあ。

二〇一六年アメリカ大統領選の予想

綾織　アメリカのオバマ大統領の任期は今年（二〇一六年）いっぱいまでありますけれども、来年（二〇一七年）以降、政権はおそらく共和党に移るかと思います。アメリカのこれからの動きを、どのようにご覧になっていますか。

堺屋太一守護霊　うーん、これを私に予想させるのかあ。うーん、大阪遷都《おおさかせんと》を言ってる私のほうに、これを言わせるか……。

そうだねえ……。うーん、クリントンも出たときは若かったし、みんな期待をかけるんだけど、なかなか行かなくて。うーん、どうかね。共和党に行くかなあ……。選挙戦はまだ続くから、まだ乱戦状態なので分からんけれども、普通《ふつう》に、順当に考えればヒラリーだよ。ヒラリーだと思うよ。

やっぱり、それは「知名度」、それから、「政治の現実の手腕《しゅわん》」だね。国務長官として世界各国を回ってのけた、あの手腕や、夫（ビル・クリントン）のほうが大統領を経験してるときに、一緒《いっしょ》に政治を見てたところがあるし。知名度は抜群《ばつぐん》だし、「資金力」も持ってるしね。順当に行けばヒラリーだよ、私の感じは。

あと、共和党は潰《つぶ》し合いがちょっと強すぎるので、本来、共和党に行ってもいいんだけど、なかなかメジャーは取れないんじゃないかなっていう感じはあるな。だけど、「ヒラリー 対 トランプ」になった場合、私としては、「トランプのセクハラ発言で、ヒラリーの勝ち」という判定になるね。

あと、共和党に四十代くらいの若い人（マルコ・ルビオ氏、テッド・クルーズ氏）もいるけど、力的にはヒラリーの知名度には勝てないのではないかなと思うので。

まあ、七十四の〝じいさん〟も頑張《がんば》ってるけどね、民主党もね。

ヒラリー氏守護霊は日米同盟をどう考えているのか。『ヒラリー・クリントンの政治外交リーディング』（幸福実現党刊）

綾織　バーニー・サンダース氏ですか。

堺屋太一守護霊　でも、あれも戦ってるうちに倒《たお》れるんじゃないかなあ、選挙戦やってるうちに。

オバマ大統領よりヒラリー氏のほうが怖《こわ》い？

加藤　ただ、ヒラリー氏の旦那《だんな》のビル・クリントン政権のときに、かなりのジャパン・パッシング（日本素通《すどお》り）で、中国の膨張《ぼうちょう》、拡張の誘引《ゆういん》になったと見ているのですけれども。

堺屋太一守護霊　日本の没落《ぼつらく》の誘引にもなったわね。

加藤　ええ。実際、ヒラリー氏の新しいクリントン政権になって、日米関係とかは大丈夫《だいじょうぶ》でしょうか。

堺屋太一守護霊　その代わり、反省してもらわないかんわな。

だから、自分らのクリントン政権八年間で、中国が肥大化《ひだいか》する原因をつくって、日本没落の原因をつくったことが、今の国防上の危機をつくっている。まあ、ヒラリーは頭がいいから、そのくらいのことはちゃんと反省して、夫の失敗のところを立て直しに入ろうとするくらいはできるんじゃないかと思う。

やっぱり、オバマさんに比べれば、ヒラリーのほうが怖《こわ》いですよ。怒《おこ》ったら怖いよ、こっちのほうが。オバマさんはそんなに怒れないけど、ヒラリーは怒ったら、キーッときたら、やっちゃいますからね。「民主党だから戦争しない」なんて思ったら、とんでもない間違《まちが》いで、〝ヒステリー〟を起こしたら、もうめちゃくちゃやりますよ。ボコボコにやりますよ。だから、それは分かんない。

「石油エネルギー」と「原子力発電」への〝公式見解〟

加藤　今、外交や安全保障のお話にもなったのですが、冒頭《ぼうとう》で大川隆法総裁のほうから、堺屋先生の著作である『油断！』の話がありました。「いかに日本は石油備《び》蓄《ちく》上も危険な状態にあるか」ということだと思います。

今は石油価格がかなり低くなってきていますけれども、ひとたびホルムズ海峡《かいきょう》危機などがありますと、大変なことになります。そのあたりのことを踏《ふ》まえると、原子力発電についてはどのようにお考えか伺いたいのですが。

堺屋太一守護霊　私にリスクを取らせようとしているというか、〝踏み絵〟を踏まそうとして……（笑）。

加藤　いいえ（苦笑）、そうではございませんが、ご見識をお伺いしたいと思いまして……。

堺屋太一守護霊　それは……、表面意識（堺屋氏本人）は徹底《てってい》的に抵抗《ていこう》して、あまり公表はしないだろうなあ。それは嫌《いや》だろうな。もう勲章《くんしょう》をもらってるのに、そんな余計なことを言って、ミスは出したくないね、はっきり言ってね。

ただ、通産省時代のあれで見たら、石油の時代だったけどさ、今は違うかもしれないので。〝公式見解〟としては、「クリーンなニューエネルギーができて、新しい産業の道が拓《ひら》けたらいいな」と思ってますよ。

やっぱり、通産省的に……、経済産業省的に見ても、それがいいと思う。ニュービジネスができて、クリーンエネルギーができて、みんなが不満を言わないのがいい。

それは、放射能にも反対する人はいるし、それから、油だって戦争の要因になって、タンカーが入ってこなくなる可能性とか、襲《おそ》われる危険もあるからね。それを考えたら、何か「別のクリーンエネルギー」のほうに入っていくほうがよくて。

例えば、今、「風力発電」もあれば、「太陽光発電」もあれば、「海洋温度差発電」もあるし、「地熱発電」もあるし、いっぱいありますから。何かちょっと〝別のやつ〟を推進して、新産業に結びつけていったほうが、道としてはいいと思うよ。

ただ、石油とかは便利だから、使えばいいけれども、要は「戦略物資」だからね。いつ、これが戦争の原因に使われるかは分からないので。もし、石油にこだわりすぎることが中国との戦争につながるんだったら、石油以外のエネルギー源っていうのは確保しておくべきでしょうね。

その意味で、「核《かく》エネルギー」っていうのを完全に捨てられるかというと、代替《だいたい》エネルギーとしての新しいエネルギー源が十分に開発できないんだったら、これはまだ可能性としては残しておかないといけないと思うわね。

チンギス・ハンにまつわる〝モンゴルの世界最強説〟

綾織　これから「油断」が起こるとするならば、中国の問題が非常に大きいと思います。

ところで、堺屋先生は、「チンギス・ハン」について著作を出されていまして……。

堺屋太一守護霊　おたくは細《こま》かいね、いろんなことがね。うるせえなあ（苦笑）。

綾織　いえ、いえ（苦笑）。そのなかで、「チンギス・ハンが世界で初めて世界帝《てい》国《こく》をつくり出した」ということで、非常に高く評価をされており……。

堺屋太一守護霊　いや、そんなことないよ。それは、作家的な筆の走りであって、私自身が評価してるかどうかは別の問題ですよ。
綾織　ああ、そういうことなんですね。
実は、幸福の科学のこれまでのさまざまな霊界《れいかい》探究によれば、「チンギス・ハンが、中国の習近平《しゅうきんぺい》国家主席として転生《てんしょう》している」ということが明らかになっています（『世界皇帝をめざす男――習近平の本心に迫《せま》る――』〔幸福実現党刊〕参照）。

堺屋太一守護霊　もちろん、それをストレートに信じるやり方も一つあるけれども。
いや、これはですね、大川隆法さん特有の深謀遠慮《しんぼうえんりょ》があるんではないかと。

綾織　ほお。

守護霊インタヴューした『世界皇帝をめざす男――習近平の本心に迫る――』（幸福実現党刊）。

堺屋太一守護霊　これは、「中国とモンゴルを揉《も》めさせるために、（大川隆法が）わざと言うとる可能性もある」というふうに、読む向きもないわけではないわけで。「モンゴルの英雄《えいゆう》が、中国に生まれた」というと、中国がモンゴルに対する政策をちょっと変えなきゃいけないかも分からないので。モンゴルも迷惑《めいわく》して、中国も迷惑して、何かこれは、「なかで対立するような、うまい計略をかけてるんじゃないか」っていう読みもないわけではないですね。

綾織　ただ、さまざまな霊言《れいげん》が何回も収録されているのですが、その内容を見ると、単純にモンゴルとの関係ではないなと思うのです。

堺屋太一守護霊　だから、チンギス・ハンは「モンゴルの神」ではあろうけども。モンゴルの歴史のなかで彼以上の人はいないから、どう見てもモンゴルで最大の神だけど、それが大中国を牛耳《ぎゅうじ》ってるっていうんだったら、「モンゴルとしては中国を支配してる」っていうことになる。
霊的にはそういうことになるし、「漢《かん》民族としてはモンゴルに支配されてる」っていうことになって、「モンゴルに支配されながら、漢民族が世界を支配する」という、非常に二重性があって。
さらに、モンゴルは（相撲《すもう》で）「日本の土俵《どひょう》」も支配してしまってるからね。

綾織　そうですね。

堺屋太一守護霊　すでに、日本もモンゴルに支配されてる。日本の横綱《よこづな》の世界は〝取られて〟ますからね。もう十年もやられているから、同じようなことが起きてる。
だから、モンゴルは、今、世界最強かもしれない、ある意味ではね。

綾織　あのー、外交のほうは、それほどお得意ではないなというのが、よく分かりました（笑）。

堺屋太一守護霊　そうなんだよ。分かった？（笑）

綾織　はい（笑）。

堺屋太一守護霊　まあ、年を取ったからさ。

7 「マイナス金利」によって日銀は崩《くず》れた!?

マイナス金利を導入した黒田《くろだ》日銀総裁はトリックスター?

加藤 それでは、経済の話に戻《もど》らせていただいてもよろしいでしょうか。

堺屋太一守護霊 あっ、ああ、ああ。

加藤 今回、日銀が「マイナス金利」を導入しました。極《きわ》めて異常な金融《きんゆう》政策なのですけれども、これが今後どのような展開になっていくのかにつきましても、ここは経済にお詳《くわ》しい堺屋先生の守護霊様に、ぜひご見解をお伺《うかが》いしたいと思います。

堺屋太一守護霊　いや、面白《おもしろ》いね。ああいう（日銀総裁の）黒田《くろだ》（東彦《はるひこ》）さんなんて、よく生き残ってたね、あんな人がね。いやあ、あの歳《とし》（七十一歳《さい》）で……。ああいうふうな、筑駒《つくこま》（筑波《つくば》大学附属駒場《ふぞくこまば》中学校・高等学校）、東大法、大蔵省《おおくらしょう》、うーん、そして、アジア開発銀行の総裁をやってたし。

あの歳で、あの経歴で、あんな「トリックスター」みたいなことができるっていうのは、「なかなか珍《めずら》しいのが、まだ生き残っとったなあ」っていう感じだね。よくやるね。今までの日銀総裁なんか、絶対に何もしないよね。間違《まちが》いなく、しないから。

加藤　「よくやる」というのは、どういう意味合いで？

堺屋太一守護霊　いやあ、「義経《よしつね》の八艘《はっそう》飛び」みたいな感じのをやるからさあ、あの歳で。大したもんだよなあ。いや、面白い。

加藤　一時的に、マーケットなども反応いたしましたけど、実際、さほどの効果もすぐには出ておりません。

堺屋太一守護霊　うん。

加藤　やはり、長い目で見て、マイナス金利というのは、資本主義の精神を傷つけていく、極めて不健全なものだとは思わないですか。

堺屋太一守護霊　そんなことはない。資本主義の精神は傷ついてない。日銀が傷ついただけよ。だから、日銀の歴史は完璧《かんぺき》に崩《くず》れたよね、あれでな。

日銀は不文律《ふぶんりつ》がいっぱいあったからさ。「金利を上げるのは、いいことだ」とか、「政府の言うことを断《ことわ》ったら、株が上がる」とか、「財務省とはいつも喧嘩《けんか》してる」

とかやってた。それを、財務省の影《かげ》が薄《うす》くなって日銀主導になって、「救世主は日銀で、財務省は悪いことばっかりしている」ように印象づけてますよね。

その意味では、日銀にとっては非常に歴史的に面白い総裁が出てきたんじゃないですかねえ。

8　幸福実現党の〝勝ち筋《すじ》〟を訊《き》く

宗教に対するネガティブなイメージを語る堺屋氏守護霊

綾織　（金澤に）どうぞ。

堺屋太一守護霊　おう、どうぞ、どうぞ、お嬢《じょう》さん。

金澤　はい。先ほどからお話を伺《うかが》っていますと、「トリックスター」という言葉が何回か出てきています。

堺屋太一守護霊　なるほど。

金澤　橋下徹《はしもととおる》さんについても、「トリックスターで、ぶち壊《こわ》し屋をしてくれるだろう」ということをおっしゃっていました。

堺屋太一守護霊　うーん。

金澤　今も、黒田《くろだ》総裁のことを、「日銀のトリックスター」のような言い方をされていたと思います。

堺屋太一守護霊　うん、うん、うん、うん。

金澤　もちろん、何もしないよりはいいと思うのですが、「ぶち壊したあと、誰《だれ》が立て直してくれるのだろう?」というのが、〝一般庶民《いっぱんしょみん》〟としてはすごく不安なんですね。マイナス金利にしても、「私たちの銀行預金はどうなるのだろう?」というように思うわけです。

堺屋太一守護霊　気にしない、気にしない。気にしないいんだよ。大丈夫《だいじょうぶ》なんだよ。われわれはね、戦後を経験している世代だからさあ、「焼け野原になってもいい。もう一回できる」ぐらいのことは知ってるからさ。今は焼け野原じゃねえから、少々何かいろんなものが壊れたって大丈夫なのよ。もっと大きく壊しといたほうが、やりやすいいんだよ。

金澤　でも、それって何となく、〝光明《こうみょう》思想〟っぽいというか、壊しておいて、そのあとの確かな担保《たんぽ》はあるんでしょうか。

堺屋太一守護霊　そんなもの、あるわけないじゃない。

金澤　（苦笑）あるわけない？

堺屋太一守護霊　とにかくですね、戦後、成長期が行き詰《づ》まったわけだから、一回ガラガラッと壊してしまえば、もう一回、〝建て直す〟楽しみが出てくるのよ。

大阪《おおさか》だってさ、「大阪に首都を移す」みたいな言い方は、ちょっとおかしいのはおかしいんだけども。あるいは、「大阪都」もおかしいんだけども。ただ、大阪が日本を引っ張り回して、「日本を分裂《ぶんれつ》させるのか」というような騒《さわ》ぎでも一回起こしてから、もう一回国をつくり直すと、また面白《おもしろ》いんだよ。

だから、ときどきやっぱり面白いことをやらなきゃいけないんだよ。もう、「賭《か》け」だけどね。

金澤　確かに、ガラガラポンでもいいと思うんですけど、ただ、例えば、今までずっと政治や経済の話をされてきたわけですが、いろいろ行き詰まっている感じがすごくあるじゃないですか。閉塞感《へいそくかん》ですよね。

堺屋太一守護霊　うーん。

金澤　これを前後際断《ぜんごさいだん》して打ち破るために、今日のテーマのなかに「宗教」というのが入っているのだと思うんです。

堺屋太一守護霊　ほおー。

金澤　宗教が果たせる役割には何があるとお考えになっていますでしょうか。

堺屋太一守護霊　うーん。

金澤　明るい未来を開くために、また、意味のある政策をしていくために、宗教がどういう役割を果たせるのか。あるいは、今後、どういう宗教が出てくることが望ましいのか。こういったことについて、どういうふうにお考えでしょうか。

堺屋太一守護霊　近代化の流れのなかでは、やっぱり、「宗教の殲滅《せんめつ》」っていうのが大きな課題としてはあったからね。

例えば、日本では信長《のぶなが》が、「比叡山《ひえいざん》の焼き討《う》ち」をやったっていうのは、革命的な事件だったと思うんだよな。あとは、一向一揆《いっこういっき》と戦った。「宗教が戦国武将と戦う」というのはすごいことだけど、宗教のほうが勝ってたら、「中世」は永遠に続いているので。やっぱり、そちらのほうをかなり蹴散《けち》らした点で、「近代が開けてきた」という感じはする。

だから、宗教の果たす役割っていうのは、そういう意味で、政権を奮い立たせて、

「宗教と戦って生き延びたら、さらに新しい時代が開けるかもよ」という期待を持たせる……。そういう「全員処刑《しょけい》されるのが、宗教の役割」っていう感じかなあ。

幸福実現党について感じていること

金澤　堺屋さんは、知的な面で、たくさん本も書かれて、巨大《きょだい》な知性の塊《かたまり》の方だと思うのですが、知識そのものは価値中立だと思います。どういう人がその知識を使うかとか、あるいは、どういう人が政策を立てるかとか、それによって、未来はずいぶん変わってくると思うんですね。

堺屋太一守護霊　うーん、うーん。

金澤　今、世界各地で政治的にも経済的にも問題が山積みです。このなかで、日本も本当に立ち直っていくためには、国民の民度というか、精神性を上げなければいけないと思うのです。

そのためには、単に道徳レベルではない本当の意味での宗教が必要ではないかと。それによって、いわゆる徳高き人が出てきて、その徳高き人々が素晴《すば》らしい政策、経済政策等をつくることで、明るい未来への道が開けていくと思うのです。

当会には、幸福実現党という宗教政党もございますので。

堺屋太一守護霊　うーん、知ってるよ（笑）。それは知ってるよ。

金澤　ええ、その観点から、宗教に何が期待されるのかということをお訊《き》きしたいのです。

堺屋太一守護霊　いやあ、大きくなって、安倍《あべ》政権に「弾圧《だんあつ》」されるといいよ。そうしたら歴史に名前が遺《のこ》るから。もうちょっと頑張《がんば》らないと駄目《だめ》だな。弾圧まで行かないな。今のままじゃ、弾圧されずに自滅するからさ。これはいけないな。もうちょっと大きくならないと弾圧できないじゃないですか。頑張れよ。

綾織　弾圧の話は置いておきまして、幸福実現党そのものについては、どういうふうにご覧になってますか。

堺屋太一守護霊　いやあ、ほんとのことを言うと、私、〝縛《しば》り首〟になるから、それはなかなか言えないじゃないの。こんなところで、〝お白洲《しらす》〟でやられたら、あんた、厳しいじゃないですか。

うーん、「本当のことを言えばどうか」って？

日本っていうのは、不幸な社会なんだよ。あのねえ、いちばん優秀《ゆうしゅう》な人はトップに立てないようになってるの。私も含《ふく》めてね。優秀な人はトップに立てないで、凡《ぼん》庸《よう》に流れに乗っていった人が、上に上がれるようになってるのよ。

この秩序《ちつじょ》を壊した場合は、非常にすごい「反作用」があるんですね。だから、安倍さんのあとに、安倍さんより優《すぐ》れた人が出てくるなんて思ったら大《おお》間違《まちが》いで、「安倍さんより凡庸な人は誰か」を探せば、次に出てくる人が誰かは分かるんですよ。そういう世界なんですよね。

大川隆法さんっていう人はですね、やっぱり、安倍さんより優秀すぎますよ。だから、もう政治にあんまり口出したらいけないと思いますね。

それはねえ、政治家はみんな総スカンですよ。もうこれ以上、言っちゃ駄目ですよ。政治に関しては、政治家のほうが賢《かしこ》くて詳《くわ》しいように見せないと、やっぱり職業として成り立たないんですよ。

宗教家がそんなに言うと、なんか比叡山の山法師《やまほうし》がね、京都に降りてきて薙刀《なぎなた》を振《ふ》り回してるように見えるからさあ。もう、ここらへんでね、セミリタイア決め込《こ》んだほうがいいよ。

綾織　先ほどから、「弾圧」などの言葉が非常に多いのですが、そういう傾向性《けいこう》の方なんですか。

堺屋太一守護霊　「傾向性の方」ってことはないけどさあ。

綾織　宗教に対して、非常にネガティブな印象を受けるのですけども。

堺屋太一守護霊　いや、ネガティブじゃないですよ。私もそうだけど、評論家仲間たちは、みんな幸福の科学のファンは多いからさ。別に、いつでもファングループに入るぐらいの気持ちはありますけどね。

綾織　ああ、あるんですね。

堺屋太一守護霊　ありますけど、現代は複雑で難しくて、みんな全部はできないから、「住み分けしよう」っていう時代なんだよな。

だから、何か一カ所で突破口《とっぱこう》を開いて、そこで有名になったら勲章《くんしょう》がもらえる、と。だいたいそういう世界なのに、大川隆法さんは統合しようとしてるじゃない、全部をね。

綾織　そうですね。

堺屋太一守護霊　全部統合しようっていうのはねえ、野心家に見えるわけよ。表社会の一般の人から見りゃあな。「こいつは、腹の底で何を企《たくら》んでるか分からない」っていうことでね。

だから今はね、〝いい党首〟に恵《めぐ》まれて、歴代党首がみんな負け続けてるから、弾圧を受けないで済んでいるんだ。おたくは、ほんとに〝いい弟子《でし》〟を揃《そろ》えたわ。

もしこれで切れるのが出てきて、ほんとに勝ったりしたら、大川さんは〝十字架《じゅうじか》〟だよね。もう、とっくに架かってる。

「日本は、嫉妬《しっと》の塊《かたまり》」

加藤　先ほど、「創造の前の破壊《はかい》」というお話をされましたが、どちらかというと、守護霊様は、破壊のほうに関心があるような感じがするんですけど（笑）。

堺屋太一守護霊　そんなことはないですよ。

加藤　そうでもないですか？

堺屋太一守護霊　そんなことはない。大阪的に、「いざとなったらどんちゃん騒ぎして、道頓堀《どうとんぼり》に飛び込んでもええわ」っていうような、そんな感じですよ。

だから、あんまり重い責任を背負って、官僚《かんりょう》組織みたいなものを引きずりたいっていう気持ちは、そんなにはないねえ。
誰かガラガラポンしてくれる人が出てきてくれるといいなっていう気持ちは、ずっと持ってるよ。それは面白いなと思う。

加藤　やはり、私ども幸福実現党は、破壊のあとの「創造」まで、しっかりと明確なビジョンを持って、この日本の国を本当によい方向に持っていきたいと思っております。

堺屋太一守護霊　うーん。

加藤　そのための政策の柱として、幸福実現党の総裁でもあります大川隆法先生から頂いた大きな指針がありました。

堺屋太一守護霊　いや、大川隆法はねえ、できすぎる。

加藤　できすぎる？

堺屋太一守護霊　うん、できすぎる。日本という国では、政治をやっちゃいけない。この国では駄目です。できすぎるから、必ず嫉妬《しっと》されて潰《つぶ》されます。だから、この国じゃ駄目です。もうちょっと上の国でなければ駄目ですね。日本では無理です。この国は、もう「嫉妬の塊《かたまり》」ですから、絶対無理です。

加藤　やっぱり、嫉妬の塊ですか。

堺屋太一守護霊　ええ、嫉妬の塊です。出たら絶対やられるんです。負けてるから今のところ、安泰《あんたい》なんですよ。だから、「宗教のほうはいろいろ本を出して、評判を得て大きくて、政治のほうは負けてるのはかわいそうね。でも、宗教のほうは頑張ってるのね」っていう感じで、これでバランスが取れているんで。

これが今度は、政治のほうで本当にグワーッと取っていって、ヒットラーみたいにガーッと出ていって、第一党まで行くっていったら、これは怖《こわ》がるよ。マスコミは全部、総叩《そうたた》きだよ。

堺屋太一氏守護霊が語る「幸福実現党の使命」とは

堺屋太一守護霊　だから、君たちが支えてる。君たちが教団を守ってるんだよ、幸福実現党が。

加藤　負けてですか?

堺屋太一守護霊　おお、負けて負けて。

加藤　弟子の愚《おろ》かさで、ですか。

堺屋太一守護霊　「あれは東大野球部並みだ」っていうんで。

加藤　（苦笑）

堺屋太一守護霊　それはもうね、東大野球部に、みんな誰も嫉妬しないよね。東大生には勉強ができるとかで嫉妬するけど、東大野球部に関しては嫉妬する人はいない。たまに勝ったりしたら、「うおーっ、すっげえなあ。雹《ひょう》が降るかもしらん」なんていうような感じでしょう。

加藤　しかし、小渕《おぶち》政権以前から、ずっと政治の世界を見てきた堺屋先生ですので、幸福実現党の「勝ち筋《すじ》」というかですね、そうは言っても……。

堺屋太一守護霊　ない、ない。全然ない！

加藤　教えていただきたいのですが……。

堺屋太一守護霊　まったくない！

加藤　まったくないですか。

堺屋太一守護霊　まったくない。

加藤　まったくない？　そんなことはないんじゃないですか。まったくないという
ことは……。

堺屋太一守護霊　だから、負けることが使命なんだよ。負けることが使命なんだ。
「幸福の科学が全知全能でないところを見せる」。それが使命なんだよ。これが「ト
リックスター」なんだよ、君の。
あのねえ、全知全能でないところを見せて、世間《せけん》を安心させるんだよ。

加藤　それだけだと、本当に破壊だけで終わってしまいます。「創造の政治」をつ
くっていかなければいけませんのでね。

堺屋太一守護霊　いや、いや、いや、破壊じゃないんです。安心させて、裏から宗
教でダーッと取り込んでいくの。だんだん取り込んでいくんだよ。これが作戦なん

じゃないか。何言ってんだ。

加藤　そうですか。それが作戦ですか。

堺屋太一守護霊　そう。表は負ける。〝小出《こだ》しに〟負けるんだ。そして、ほかのところで、じわじわじわじわと戦力を広げていって包囲していくんだ。これが作戦なんだ。

加藤　実際、私どもの政策が、安倍政権の一歩先を行くようなかたちで、日本の国に、いい意味で影響力《えいきょうりょく》を与《あた》えてきているのは事実だと思います。

堺屋太一守護霊　いやねえ、だからいいんだよ。君らは、給料をもらいたいからいなきゃいけないんだけど。

加藤　いや、本気でやっぱり勝とうとしているのです。

堺屋太一守護霊　ほんとは、大川隆法さんが本を出してくれれば、安倍政権は、あとはそれでやれるので。別に、幸福実現党は要《い》らないんだよ。自民党は、そのままやったらいいんで。

加藤　既存《きそん》の政治が、やはり限界を迎《むか》えていますので。

堺屋太一守護霊　あっ、そうお？

加藤　やはり、新しい政治を築いていかなければいけないと思います。

堺屋太一守護霊　いや、だから、（自民党は政策の）「中身」だけほしいだけやから。あと、数は揃《そろ》えられるんです、数は。数を集めるのはできるんです。君らは、数を集めるほうで苦労なさっているようだから（苦笑）。

「中身」はできないんですよ。「中身」があれば、われわれはできる。われわれっていうか、自民党のほうができるからね。

綾織　ただ、安倍さんにしても、新しいものをつくり出すというのは難しいのでは……。

堺屋太一守護霊　そんなの、無理に決まっててんじゃん。最初から分かってるじゃない、そんなこと。

綾織　ええ、だからこそ幸福実現党が必要なんです。

堺屋太一守護霊　だから、私みたいなのが八十になって、まだ口出しできるんじゃないの。たまに何かいいことを言うかもしれないと思って、やれるんじゃない。そんなに大したことないから、橋下にも期待をかけて、「連立したら三分の二を取れるんじゃないか」とか思うわけじゃない。だから面白いんじゃない（机を軽く一回叩く）、政治が。賢い人だったら面白くないのよ、読めちゃうから。君たちは、いい仕事をしてる。いい仕事をしてるよ。いい仕事してる。

加藤　いや、数合わせの政治だと面白くないですし、未来が見えてこないと思います。数合わせの政治ですと、やはり、日本の未来はないと思いますけども。

堺屋太一守護霊　だから、（幸福の科学は）教団の〝内部破壊〟を一生懸命《いっしょうけんめい》やってるんでしょう、国を破壊しないで。それは安全カミソリみたいな政党だね。まあ、どこかで外部的にも打って出なきゃいけないときはあるかもしれないけども。やっぱり、いい感じ、東大野球部みたいな、〝いい印象〟が世間にはあるよ。無害な感じっていうかな。「プロ野球は侵《おか》される恐《おそ》れがない」という、すごい〝信頼感《しんらい》〟がある。

加藤　東大野球部も勝ち始めますと、意外と連勝もございます。

堺屋太一守護霊　いやあ、たまに勝つけどね。

加藤　たまに勝ちますけど、いったん勝つと、もう連勝ですよ。

堺屋太一守護霊　でも、プロに行ったら、たいてい二軍で終わるからね。一軍に出て、すぐに下げられて、二軍で終わりだよね。だから、脅威《きょうい》を感じる人は、ほぼいない。

日本の未来ビジョンは「鎖国《さこく》」？

金澤　堺屋先生は、日本がどういうふうになればいいと思っていらっしゃるんですか？　日本の未来ビジョンというのを、どのように描いていらっしゃるのでしょうか。

堺屋太一守護霊　いや、そらあねえ、未来ビジョンは「鎖国《さこく》」ですよ。もう鎖国や。

金澤　鎖国!?

堺屋太一守護霊　ああ、鎖国しかありえない。鎖国がいちばん。

金澤　こ、こ……、今日日《きょうび》、そんな鎖国なんていうのは不可能だと思うんですけど。

堺屋太一守護霊　あんた、興奮するなよ。

金澤　えっ？

堺屋太一守護霊　興奮するなよ。

金澤　「日本が中国の属州になれ」ってことですか。

堺屋太一守護霊　いやいや、「鎖国」だから「属州」じゃないでしょう。独立国家ですよ。

金澤　でも、ミサイルが飛んできますよね。

堺屋太一守護霊　えっ？

金澤　ミサイルが飛んできますよ。

堺屋太一守護霊　上まで鉄で覆《おお》ってしまったらええね、もう鎖国だから。船が出るときだけ開《あ》けばいいんだよ。

金澤　妄想《もうそう》に聞こえるんですけど（苦笑）。現実問題として、今、北朝鮮がミサイル実験を繰り返して飛ばしていますし。

堺屋太一守護霊　いや、鎖国こそ、日本文化のオリジナリティーがどんどん花開いていく時代じゃないですか。

加藤　日本は資源がなくて、貿易立国でやってきたわけです。それは、通産省におられた堺屋先生が、いちばんよくお分かりですよね。

堺屋太一守護霊　オランダとだけ貿易したらいいのよ。オランダじゃなくてもいいかもしれない。どこかの国とつながっておれば、世界や外国の情報は取れるから。

綾織　江戸《えど》時代に、そういうことをやってらっしゃったんですか?

堺屋太一守護霊　そういうねえ、「裏」を取らないの（会場笑）。

綾織　（笑）いいえ、いいえ、いいえ。

堺屋太一守護霊　いや、ここまで来たらね、もう鎖国ですよ。だから日本もね、世界経済の二位から三位に落ちたけど、これも嫉妬されないためにはいいことだったのよ。

二位で、どんどんアメリカを追い詰めて、アメリカにもう一回、今度は核《かく》の雨を降らされたらたまったもんじゃないけど、中国が名乗り出てきた。「いやあ、日本は小さいからかわいそうだ。核攻撃《こうげき》をもう一回受けたら最期《さいご》になる。中国は、領土は広大だし、人口は十四億もいるから、三億や四億殺されても何てことはない。人口を減らしたくて困ってるんだから、ちょっと核の雨を降らしていただきたい」と、中国が名乗り出てるわけよ。これは、世界的ないい潮流《ちょうりゅう》ですよ。

だから日本は鎖国して、ただただ見守っておればいいわけですよ。〝人口調整〟の行く末《すえ》を。

綾織　ちょっと、だんだんですね、あのー……。

堺屋太一守護霊　ええ、おかしくなってきた？　作家だからね。

綾織　（苦笑）いえ、後半、ちょっと、「大丈夫かな？」っていう感じになっているんですけども。

堺屋太一守護霊　作家だから多少、そういう筆がね、ちょっと走りすぎることはあるけどね。八十だからね。ほんとは現役《げんえき》を引退してるからさ。無責任なんだけどね。

9　異色の経済評論家・堺屋太一氏の霊的《れいてき》背景に迫《せま》る

「知的生産の秘密」を明かす

綾織　それでは、後世の方々のために、「知的生産の秘密」についてお伺《うかが》いします。

堺屋太一守護霊　おう。

綾織　戦後、一時代を築いた堺屋先生が、知的生産の秘密として、ご自身が大切にされてきたものは、どういうものでしょうか。それを最後に教えていただきたいと思います。

堺屋太一守護霊　いや、ここで、それを言うのはないんじゃない？（苦笑）

綾織　そうですか？

堺屋太一守護霊　ここで言うのは、これは厳しいねえ。いやあ、こちらはね、それは、いや、それをねえ、ここで言うか？　これは大川隆法さんがご自分でしゃべって、それでもういいんじゃないですかね。

いや、本来はね、物書きっていうのはさ、やっぱりインスピレーションでやれるのが、「天才型」だよな。私らみたいに官僚《かんりょう》出身、官僚上がりの作家なんていうのは、もう「資料中心」にやるからさ。資料とデータでやるので、ほんとは面白《おもしろ》くないわけよ。はっきり言やあ、小説を書いたってさ、大して売れやしないし、しかも面白くないのよ。

インスピレーションがないの。資料とデータで書く小説なんて全然面白くないわけ。だからね、食えたらいいわけよ、早い話がね。
だけど、ここは違《ちが》うでしょう？　ちょっと食えるだけっていうか、本人が食えたらいいだけじゃないでしょ。もっともっと多くの人に影響《えいきょう》を与《あた》えたいと思ってるからさ。それこそ、大川先生の仕事じゃないですか。私なんかは、それは、個人が食えるのが精一杯《せいいっぱい》ですから。無理ですよ。
ライバル関係は、君（綾織）とはあるかもしれない。

綾織　堺屋先生とですか？

堺屋太一守護霊　うん。そう、そう、そう、そう。

綾織　ああ、そうですか。

堺屋太一守護霊　似たようなもんだから。君も、他人《ひと》の資料を見て書くしかないでしょう?

綾織　まあ、そうです。

堺屋太一守護霊　似たようなもんだよ、うん。だから、君とならライバル関係が成り立つけど、ここの総裁とは成り立たないね。

綾織　そういう意味で、先輩《せんぱい》として、教えていただきたいなということなんですけども。

堺屋太一守護霊　勤勉にコツコツと〝面白くないもの〟をつなぎ合わせていくことだよ（会場笑）。それは大事なことだよ。すでに公表された資料は幾《いく》らでもあるからさ。
だけど、みんなそれを渉猟《しょうりょう》して、隅《すみ》から隅まで読んでるわけじゃねえから。そのなかで自分が関心のあったところだけ抜《ぬ》き出していって、上手にそれをつなげていけば、でき上がるから。

綾織　なるほど。

堺屋太一守護霊　あとは勤勉な努力でつないでいくこと。これが大事だね。

綾織　はい、「勤勉さである」ということですね。

堺屋太一守護霊　うん、そう、そう、そう、そう。
だからね、いや、君の雑誌（月刊「ザ・リバティ」〔前掲《ぜんけい》〕）の売上を増やそうとしたら、先ほどトリックスターの話をしてしまったけども、毎回ちょっとだけ変わったことを何か一つくらい入れる。そのくらいは、やらないといけないね。

綾織　そうですね。

堺屋太一守護霊　変わったことをやる「トリックスター番」っていうやつを決めて、交替《こうたい》でやる。一人でやったら種が尽《つ》きるから、毎回一人だけ選ぶんだよ。「今月は、おまえがトリックスターをやる番だ。奇想天外《きそうてんがい》なことを何か一つ書け」というのを順番に入れる。多少ヒットするところがあれば、部数が伸《の》びる可能性はあるな。

綾織　ありがとうございます。

堺屋太一守護霊　うん。私の創造の秘密は、そんな程度。

綾織　そうですか。

堺屋太一守護霊　大したことなかったかな。

綾織　いえいえ。いろいろあるかとは思いますけれども、今日は時間も限られていますので。

「宗教政党が勝ったら日本全国から祝福ラッシュだ」と〝激励《げきれい》〟

堺屋太一守護霊　うん。いやあ、ほんとに、君らね、非常に恵《めぐ》まれた人たちですよ。幸福実現党が、もし勝ったらね……。

加藤　分かりました。その話は分かりました。

堺屋太一守護霊　宗教政党が勝ってね、もう、日本全国が「バンザーイ」って言ってくれますよ。テレビもラジオも新聞も。幸福実現党が参議院の当選者が出た、衆議院から当選者が出たっていったらね、批判するかと思ったら、そんなことはない。「バンザーイ」って言ってね。創価学会《そうかがっかい》、公明党が大嫉妬《だいしっと》ですよ。「なんでだよ、宗教政党が勝ったら、バンザイするのかよ」って言うぐらい、もうみんな、祝福ですよ。NHK大阪《おおさか》あたりまで、もう、祝福のラッシュですよ（小さく拍手《はくしゅ》）。

だから、君ら、人気者なんだよ、とっても。うん。

加藤　そういうときは本当に近いと思いますので、ぜひ見ていてくださればと思います。

堺屋太一守護霊　うん、近い。近い近い。ほんとにね、頑張《がんば》れよ、うーん。いや、すでに頑張ってる。根性《こんじょう》があるよね、うん。やっぱり、根性がすごい。もう、（君たちは）〝五浪《ろう》〟か〝六浪〟に入ってるだろ？

加藤　やはり、「諦《あきら》めない」というしぶとさは大事ですしね。

堺屋太一守護霊　（候補者は）平均五回ぐらいは負けてるんじゃないの？　だいたい。

加藤　人それぞれで、いろいろとありますが。

堺屋太一守護霊　あ、人それぞれ違うの？　私はね、（君たちが）〝五浪〟、〝六浪〟、〝十浪〟ってだけでも、尊敬するね。「子持ちの駿台《すんだい》（予備学校）浪人十三浪」とか聞いたら、やっぱり、もう心から涙《なみだ》流れるね。もう、ほんとね。日本の総理大臣になってもらいたいと思うぐらい、うーん。

綾織　ちょっと、だんだん〝ブラックな感じ〟になってきましたので、そろそろ……（苦笑）。

堺屋太一守護霊　そうだね。ちょっとこれね、やっぱり、年取ったかなあ……。もう、年取ったかもしらん。うーん。

過去世《かこぜ》であの「天下人《てんかびと》」との関係を匂《にお》わせる堺屋氏守護霊

綾織　最後にぜひお伺いしたいことがあるのですが、先ほども江戸《えど》時代の話などが少し出ましたように、まさにその鎖国《さこく》の時代のなかで生きていらっしゃったと理解してよろしいのでしょうか。

堺屋太一守護霊　うん。ああ、私のことを訊《き》いているわけ？

綾織　そうです。

堺屋太一守護霊　そんなん、しゃべるわけないじゃん。

綾織　そうですか。

堺屋太一守護霊　君、そらあねえ（笑）。そら、「ザ・リバティ」の編集長に引っ掛《か》かるほどじゃあ、あんたね、作家としては食っていけないっすよ。そのへんは虚々《きょきょ》実々《じつじつ》の掛け合いだなあ。

綾織　ああ、そうかもしれませんね。はい。

堺屋太一守護霊　ちょうど、せっかくこれだけ大阪を推《お》してるんだから、ちょこっとさ、豊臣秀吉《とよとみひでよし》のところあたりぐらいね、（堺屋氏の）過去世《かこぜ》で何か入れといてくれたら、私、うれしいなあ。

綾織　豊臣秀吉のあたりなんですか？　豊臣秀吉そのものなんですか？

堺屋太一守護霊　秀吉でもいいっすよ。秀長《ひでなが》について書いたことあるけどね。それについて書いたっていうことは、もう、弟だよな。あれが兵站《へいたん》部門をやっていましたけどね。

綾織　はい、はい。

堺屋太一守護霊　ということは、それをよく知ってた人物ということになるでしょ。

加藤　そういうことですか。

堺屋太一守護霊　うーん。

綾織　おおお。

堺屋太一守護霊　だから、自分については語らない。語れば嫉妬されるから。

綾織　ほう。

堺屋太一守護霊　「語れば嫉妬される人」とは誰《だれ》だろう？　豊臣秀吉でどうだ。

綾織　う～ん。ちょっと抵抗《ていこう》感があります（笑）。

堺屋太一守護霊　でも、なんか、桃山《ももやま》文化なんて向いてるよ？　何となく、感じとして。

綾織　ああ。雰囲気《ふんいき》は分かります。

堺屋太一守護霊　〝日本のルネッサンス〟の感じ？

綾織　はい、はい。

堺屋太一守護霊　あれがなんか、私の体質に合ってるよ。とっても合ってる。……

駄目《だめ》？

綾織　その時代であるわけですね？

堺屋太一守護霊　「ザ・リバティ」で書くぐらい、いいじゃん。どうせ読まないんだから、ほとんど。

綾織　その、いやあ、はいはい（苦笑）。

堺屋太一守護霊　信者の一部しか読まないんだろう？　だから、いいじゃない、その程度。

綾織　その時代なんですね？

堺屋太一守護霊　え？　いやあ、その時代も、あったかもしれないと。

綾織　あったかも？

堺屋太一守護霊　うん、あったかも。

綾織　ほおお。

堺屋太一守護霊　うーん、あったかもな。

加藤　みなさんの関心も非常に高いので、その時代以外の過去世でもよろしければ、いかがでしょうか。

堺屋太一守護霊　そう。（会場の聴衆《ちょうしゅう》に）身を乗り出してる人がいるな。そんなに関心持つなよ。日本史の達人、「歴女《れきじょ》」とかでなければ、絶対に当てられないから、そら無理だよ。

江戸《えど》時代の過去世《かこぜ》と外国での転生《てんしょう》を語る

綾織　「会津《あいづ》」という言葉が出ていまして。

堺屋太一守護霊　会津……。うーん。会津ねえ。会津にも偉《えら》い殿様《とのさま》はたくさんいたよね。

綾織　はい。

堺屋太一守護霊　だけど、誰も知ってる人いないだろ?

綾織　それは、江戸《えど》時代の……。

堺屋太一守護霊　あ!　一人ぐらいいるわ。あのー、明治維新《いしん》のとき……。

綾織　はい。●松平容保《まつだいらかたもり》?

堺屋太一守護霊　ああ、それ、有名だね。それにしよう!　それ、それ、それでいこう、それでいこう!

綾織　うーん。では、違うということですね。

●松平容保(1835～1893)　江戸時代末期の会津藩藩主。1862年、攘夷派志士の活動が激しい京都の治安を護るべく京都守護職に任ぜられ、一橋慶喜《ひとつばしよしのぶ》と共に公武合体を推進した。大政奉還後、鳥羽《とば》・伏見《ふしみ》の戦い、会津戦争で敗れるも、のちに許され、1880年、日光東照宮の宮司に任じられる。

堺屋太一守護霊　その人以外、知ってる人、誰もいないでしょう？　だって。誰もいないよ。

綾織　保科正之《ほしなまさゆき》とか。

堺屋太一守護霊　ああ、そういうのもいるか。うん、まあ、いるな。てか、そのへんにしといて。

綾織　（笑）

金澤　とにかく、日本中心に生まれ変わっていたということでよろしいですか？

堺屋太一守護霊　そんなことないよ。

●保科正之（1611 ～ 1673）　江戸時代初期の会津藩・初代藩主。徳川家康の孫に当たる。4 代将軍家綱《いえつな》を補佐し、幕政に参与した。また、藩士に対して殉死を禁ずるなど、藩政を改革し、江戸初期の三名君に数えられる。

金澤　そんなことはない？

堺屋太一守護霊　なんかね、チンギス・ハンの時代に、兜《かぶと》かぶって走ってたような気もするし、携帯食《けいたいしょく》を発明したような気もしないでもないよなあ。

綾織　うーん。

堺屋太一守護霊　信じてないね？　いいわ。うーん。

「堺屋」というペンネームには過去世《かこぜ》の秘密が隠《かく》されていた？

綾織　それでは、戦国時代と江戸時代にいたということですね？

堺屋太一守護霊　うーん、そうだよな。とにかく、都《みやこ》の繁栄《はんえい》は見たことがあるし、幕府のなかではないかもしれないけど、雄藩《ゆうはん》でもある程度の立場にいたことがあって。立場的に言うと、今は「経企庁長官《けいきちょう》」をやったが、昔でいくと、「有力大名《だいみょう》」ぐらいの経験はないわけではないし、あとは「文化人」であったこともあったと。だけど、「千利休《せんのりきゅう》」を名乗るほど野暮《やぼ》ではないので、それは言わない。そう推測してもいいんだけどね。それは言わない。うん。うん。

綾織　その周辺であるわけですね?

堺屋太一守護霊　ま、周辺だね。ええ。

綾織　はい。

堺屋太一守護霊　●堺衆《さかいしゅう》だね。

綾織　ああ、堺衆ですか。まさに、「堺屋」に一致《いっち》しますね。

堺屋太一守護霊　うん。だから、そのへんのね。いろいろ、大店《おおだな》いっぱいあったでしょ。

綾織　はい。

堺屋太一守護霊　だけど、よっぽどの「歴女」でなきゃ、そんなのは知りやしねえからさ。言っても虚《むな》しいわな。うーん。そんなもんよ。

しょせんねえ、官僚なんかになるような人間で、過去世《かこぜ》に名前があるような人なんか、いやしねえんだよ。みんな無名の人たちなんだよ。

●堺衆（堺・会合衆《えごうしゅう》）　室町時代から安土桃山時代にかけ、「会合衆」と呼ばれる組織が、堺のほか、宇治、山田、大湊等で、都市の自治において指導的役割を果たした。特に、堺におけるものが有名であり、その組織は裕福な商人で構成され、合議制によって運営されていた。

どっかのお城に勤めてましたっていうね、「トーン、トーン、トーン」と太鼓《たいこ》が鳴ったりしたら、登城して、「トーン、トーン、トーン」っていったらお昼食べて、「トーン、トーン、トーン」って太鼓鳴ったら、城から下りて家に帰ってくる。そういう繰《く》り返しだよ。

そういう人たちが生まれ変わって、みんな官僚になってるのよ、今。偉い人なんかいやしねえ。うーん。

綾織　はい、ありがとうございます。

内閣官房参与《かんぼうさんよ》として安倍《あべ》政権にリコメンドしたいこと

綾織　後半はちょっと脱線《だっせん》気味なところもありましたけれども……。

堺屋太一守護霊　ああ、そうだな。

綾織　前半は非常に、あの……（笑）。

堺屋太一守護霊　前半、よかった？　そう？

綾織　はい。勉強になりました。

堺屋太一守護霊　ああ、そうか。

でも、君たち、せっかく呼んでくれたから、何かいいことを言ってやらないけない。何言ったらいいんだろうなあ。

安倍《あべ》総理はこの本、読むかな。読まないかな。読まないかもしんないけど、読むかもしれないから。

安倍総理がこの本を読んだら、ぜひだねえ、全員、国会議員で大臣を固める必要はないわけだから、幸福実現党に議席がなくても、大臣枠《わく》を一つぐらいあげたら国民的人気が取れるかもしれないし、日本の針路が確定するかもしれないから、やっぱり釈《しゃく》党首あたりをね……。入れるところがないけども、どこに入れたら入るかなあ（笑）。

綾織　いえ、もう、何でもいけると思います。はい。

堺屋太一守護霊　少子化担当あたりのところに入れて、実践《じっせん》していただくと。

綾織　うーん、それはちょっと、ご本人がどうおっしゃるか分かりませんけれども（笑）。

堺屋太一守護霊　駄目かなあ。美人じゃないですか。なかなかねえ。

綾織　ああ、そうですね、はい。

堺屋太一守護霊　あと、入るところっていったら、あまりないな。あんまりないけども……。

綾織　いえいえ。もう何でも、外務大臣でも防衛大臣でもいけると思います。

堺屋太一守護霊　いや、外務なんて……、それは、外務大臣のときに戦争が始まるから駄目だよ。外務大臣に置いたら戦争だろ？

綾織　いえいえいえ、そんなことはありません。

堺屋太一守護霊　すぐ戦争になるから。

綾織　そんなことはないです。

堺屋太一守護霊　あれ、地方（創生《そうせい》）は駄目だよね。振興《しんこう》はできないし……。経済再生は、ちょっと難しそうだし、うーん。

綾織　まあ、理解しました。貴重なアドバイスということで……。

堺屋太一守護霊　ああ、どっか……、どっか一つぐらいね、かわいそうだからあげろよと。もう、何回〝討《う》ち死に〟してると思ってるの、ほんとに。一つぐらい空《あ》けてやれよと。そしたら、人気が出るかもよと。ねえ？

綾織　それは、本日のお話が書籍《しょせき》化されたら、安倍さんも読まれ、ご自身で判断いただくとしまして。

堺屋太一守護霊　そうそう、そうそう、そうそう。内閣官房参与《かんぼうさんよ》としてリコメンド（推薦《すいせん》）しとくね。

綾織　はい。はい。

堺屋太一守護霊　これで君たちは、私に対しての態度がコロッと変わるだろう。

加藤　連立を組むかどうかはこちらの判断もございますので、何とも言えませんが、本日の貴重なご提言につきましては、ありがたく受け止めさせていただきます。

堺屋太一守護霊　一つぐらい、やってもいいじゃない。だって、要《い》らない大臣いっぱいいるじゃない。はっきり言って、もう、要らないのだらけだよな。

綾織　それは、そうかもしれないですね。

堺屋太一守護霊　「経済関係でこんなに何人も大臣が要るんか」と思うぐらい、責任分散して、ね。誰の責任か分かんないよね。だからね、いや、大丈夫《だいじょうぶ》だよ。うん、君たちなら大丈夫だよ。何でもやれるよ、うん。

綾織　はい。そう思います。

堺屋太一守護霊　うん。

知り合いで自分だけが霊言《れいげん》に呼ばれなかった理由を気にする

綾織　本日は、「堺屋太一『政治・経済・宗教を語る』――守護霊インタビュー――」（収録時のタイトル）ということで、貴重なご意見、アドバイスを頂きまして、ありがとうございました。

堺屋太一守護霊　なんだかね、私は、「堺屋太一『老いを語る』」みたいなのになったような感じが、若干《じゃっかん》、するんだけどなあ。

綾織　いえ、十分、元気に語ってくださいました。

堺屋太一守護霊　若い人たちがね、「私が偉い」っていうのをあんまり知らないみたいなんで。寂《さみ》しいなあ！

綾織　いえ。この霊言《れいげん》で、「ああ、立派な方がいらっしゃったんだな」というのは十分に分かると思います。

堺屋太一守護霊　そうかねえ。いちおうね、やっぱり、ほかの人も出てるからさ。私の知り合いたち（の守護霊霊言）は出てるからさ。

綾織　そうですね。みなさん、お仲間ですから。

堺屋太一守護霊　（幸福の科学に）ずーっと遠ざけられてるっていうのは、「よっぽど、あんまり偉くない人と思われてるんじゃないかな」ということだけ、ちょっと気にはなっていたんだよ。

綾織　いえいえ、とんでもないです。本日は素晴《すば》らしいメッセージを頂きました。

堺屋太一守護霊　うーん、こんなもんよ。うんうん。だから、君たちが戦って、〝チンギス・ハン〟（中国国家主席・習近平《しゅうきんぺい》の過去世。前掲《ぜんけい》『世界皇帝《こうてい》をめざす男――習近平の本心に迫《せま》る――』参照）に勝てることを祈《いの》ってます、はい。心から祈っております。頑張ってください。

綾織　ありがとうございます。頑張ります。

堺屋太一氏と同世代の言論人の主な守護霊霊言

『長谷川慶太郎の守護霊メッセージ――緊迫する北朝鮮情勢を読む――』（幸福の科学出版刊）

『竹村健一・逆転の成功術――元祖「電波怪獣」の本心独走――』（幸福の科学出版刊）

『渡部昇一流・潜在意識成功法――「どうしたら英語ができるようになるのか」とともに――』（幸福の科学出版刊）

10　堺屋太一氏守護霊の霊言《れいげん》を終えて

「固まって動かない体制を掻《か》き回したい気持ち」を感じた本霊言《れいげん》

大川隆法　（手を二回叩《たた》く）そういうことでした。

多少、若いころのようなキレはなくなっているかもしれませんが、だいたいの仕事は終わったと見ながら、何かできるところを、ちょっと突《つつ》いてやっているような感じでしょうか。

綾織　そうですね。

大川隆法　でも、おそらく、固まって動かない体制のようなものに対する、官僚《かんりょう》時代の鬱憤《うっぷん》もあるのではないかと思います。いろいろ意見を言っても通らなかったのでしょう。

綾織　そうですね。

大川隆法　そういうところもあるので、何か、ちょっと掻《か》き回してみたい気持ちはあるのでしょうか。それで、「橋下徹《はしもととおる》さんを使おうとしている」のだと思います。(橋下氏は)国政に出てくるのかもしれませんが、「〝賞味期限〟は切れたのではないかな」というのが、私の率直《そっちょく》な感想です。国会議員選挙に出たら当選はするのかもしれませんけれども、どうでしょうかね。もう、新しい党を率いて大暴《おおあば》れするだけのエネルギーはなくて、本人としては、「大阪都《おおさかと》構想」で十分に疲《つか》れたのではないでしょうか。私には、そんな感じがしています。

綾織　はい。

宗教本体に比べるとまだ一部しか動いていない「幸福実現党」

大川隆法　次の人がまた出てこなければいけないのかもしれないし、「維新《いしん》」などという怪《あや》しげな感じのところが、分裂《ぶんれつ》しつつ活動していますけれども、流れから見れば、もうそろそろ消えていくべきときが来たのではないでしょうか（注。二〇一六年三月二十七日、民主党と維新の党が合流し、「民進党」が新たに結党。同日、維新の党は解党した）。その隙間《すきま》に、幸福実現党のほうを少し出してもらえないかなという気持ちは持っています。

ちょっと余計なところが入ってきたために、幸福実現党が出損《でそこ》ねた部分があるので、若干《じゃっかん》、残念な流れではありましたね。

綾織　そうですね。

大川隆法　（マスコミは）本当なら、民主党政権が立つべきではないときに立ててしまったし、また、幸福実現党を入れて将来に備えなければいけないときに、「維新」のほうを持ち上げて報道し、当選させて、あちらを政党にしてしまったりしました。こういう、日本のマスコミのへそ曲がりなところが、この国の停滞《ていたい》を生んでいるように見えなくもありません。

幸福実現党に対しては、〝過大な賛辞《さんじ》〟が、「恐怖心《きょうふしん》」と「嫉妬《しっと》」を絡《から》めた〝判定〟として、あったかとは思います。

それほどのものではないかもしれませんが、当会は政治思想をこれだけ積み上げてきているので、現実で、少し有効性があるものを何らか発揮できたらいいなと考えています。

まあ、（幸福実現党のことを）こういうふうに言っておいてくれてもよいかと思うのです。こう言っておいてくれたら、「逆」になったときには、みんなの期待がガッと寄るので、よいのではないでしょうか。

小保方晴子《おぼかたはるこ》さんのように、持ち上げられて袋叩《ふくろだた》きにならないためには、低めの評価を受けながら、少しずつ、「あれ？〝出塁《しゅつるい》〟したようだ」というような感じで見てもらえるぐらいでもよいので、息長く頑張《がんば》りたいと思っています。

「政党のほうは、宗教そのものに比べると、まだ一部しか動いていない」というのが、私の率直《そっちょく》な感想です。

最近は、政治が好きで幸福の科学に入ってくる人もいるけれども、二十年、三十年と長くいる会員は、やはり「宗教」として入ってきているので、「政治」のほうはなかなか熱心にはなれず、燃え上がっていないというのが現実だと思います。これに関しては、もう少し実際に影響力《えいきょうりょく》を行使できるようになれば、納得《なっとく》してくれるかもしれません。

何とか、根性《こんじょう》をつけて粘《ねば》ってみたいとは思っています。

この霊言《れいげん》を聴《き》かれた方、あるいは本書を読まれた方へ、堺屋さん守護霊の意見はあのようなものではありましたが、惜《お》しみない応援《おうえん》をくだされば幸いです。ありがとうございました。

質問者一同　ありがとうございます。

あとがき

堺屋さん的な立場にあるオピニオン・リーダーたちが、人生の総決算《そうけっさん》に入りつつあると思う。

私のような世代が次の時代を引っぱってゆかねばならないと思っているが、なかなかこの日本という国も大国で、そう簡単には、まっ直《すぐ》には走ってはくれない。

今はまだ様々《さまざま》な意見の方の考えを勉強させて頂いて、少しでもベターな世界の建設に役立てたいと思っている。その点、「異見《いけん》」を聞く、というスタンスは、まだまだ成長の余力《よりょく》があることの証明でもあろう。

「政治」「経済」「宗教」の立場を融合《ゆうごう》し、統合していくことはとても難しい。ただ私は私としての使命をたんたんと果たしてゆきたいと思う。

二〇一六年　四月二十七日

幸福《こうふく》の科学《かがく》グループ創始者兼総裁《そうししゃけんそうさい》
幸福実現党創立者兼総裁《こうふくじつげんとうそうりつしゃけんそうさい》　大川隆法《おおかわりゅうほう》

『守護霊インタビュー　堺屋太一　異質な目　政治・経済・宗教への考え』

大川隆法著作関連書籍

『生涯現役人生』（幸福の科学出版刊）

『エイジレス成功法』（同右）

『松下幸之助　日本を叱る』（同右）

『徹底霊査　橋下徹は宰相の器か』（幸福実現党刊）

『世界皇帝をめざす男――習近平の本心に迫る――』（同右）

守護霊《しゅごれい》インタビュー　堺屋太一《さかいやたいち》 異質《いしつ》な目《め》
政治《せいじ》・経済《けいざい》・宗教《しゅうきょう》への考え

2016年5月16日　初版第1刷

著　者　　大《おお》川《かわ》隆《りゅう》法《ほう》

発行所　幸福の科学出版株式会社

〒107-0052 東京都港区赤坂2丁目10番14号
TEL(03)5573-7700
http://www.irhpress.co.jp/

印刷・製本　株式会社 堀内印刷所

落丁・乱丁本はおとりかえいたします

ISBN978-4-86395-788-6 C0030
カバー写真：時事
本文写真：時事／ karen/PIXTA

大川隆法霊言シリーズ・言論人たちからの提言

渡部昇一流・潜在意識成功法

「どうしたら英語ができるようになるのか」とともに

英語学の大家にして希代の評論家・渡部昇一氏の守護霊が語った「人生成功」と「英語上達」のポイント。「知的自己実現」の真髄がここにある。

1,600円

竹村健一・逆転の成功術

元祖『電波怪獣』の本心独走

人気をつかむ方法から、今後の国際情勢の読み方まで——。テレビ全盛時代を駆け抜けた評論家・竹村健一氏の守護霊に訊く。

1,400円

日下公人のスピリチュアル・メッセージ

現代のフランシス・ベーコンの知恵

「知は力なり」——。保守派の評論家・日下公人氏の守護霊が、いま、日本が抱える難問を鋭く分析し、日本再生の秘訣を語る。

1,400円

※表示価格は本体価格(税別)です。

大川隆法 霊言シリーズ・言論人たちからの提言

外交評論家・岡崎久彦
―後世に贈る言葉―

帰天後3週間、天上界からのメッセージ。中国崩壊のシナリオ、日米関係と日ロ外交など、日本の自由を守るために伝えておきたい「外交の指針」を語る。

1,400円

幸福実現党に申し上げる
谷沢永一の霊言

保守回帰の原動力となった幸福実現党の正論の意義を、評論家・谷沢永一氏が天上界から痛快に語る。驚愕の過去世も明らかに。
【幸福実現党刊】

1,400円

長谷川慶太郎の
守護霊メッセージ
緊迫する北朝鮮情勢を読む

軍事評論家・長谷川氏の守護霊が、無謀な挑発を繰り返す金正恩の胸の内を探ると同時に、アメリカ・中国・韓国・日本の動きを予測する。

1,300円

大川隆法霊言シリーズ・日本経済再建への道

松下幸之助「事業成功の秘訣」を語る

デフレ不況に打ち克つ組織、「ネット社会における経営」の落とし穴など、景気や環境に左右されない事業成功の法則を「経営の神様」が伝授!

1,400円

リクルート事件と失われた日本経済20年の謎 江副浩正元会長の霊言

なぜ急成長企業はバッシングされるのか? 江副浩正・元会長が「リクルート事件」の真相を語る! 安倍政権の成長戦略の死角も明らかに。

1,400円

ダイエー創業者 中内㓛・衝撃の警告 日本と世界の景気はこう読め

中国にも、20年不況がやってくる!? 安売りでこれからの時代を乗りきれるのか!? 経営のカリスマが天上界から緊急提言。

1,400円

※表示価格は本体価格(税別)です。

大川隆法ベストセラーズ・日本に新しい繁栄を

資本主義の未来

来たるべき時代の「新しい経済学」

なぜ、ゼロ金利なのに日本経済は成長しないのか？ マルクス経済学も近代経済学も通用しなくなった今、「未来型資本主義」の原理を提唱する！

2,000円

自由を守る国へ

国師が語る「経済・外交・教育」の指針

アベノミクス、国防問題、教育改革……。国師・大川隆法が、安倍政権の課題と改善策を鋭く指摘！ 日本の政治の未来を拓く「鍵」がここに。

1,500円

政治革命家・大川隆法

幸福実現党の父

未来が見える。嘘をつかない。タブーに挑戦する――。政治の問題を鋭く指摘し、具体的な打開策を唱える幸福実現党の魅力が分かる万人必読の書。

1,400円

大川隆法シリーズ・最新刊

自民党諸君に告ぐ 福田赳夫の霊言

経済の「天才」と言われた福田赳夫元総理が、アベノミクスや国防対策の誤りを叱り飛ばす。田中角栄のライバルが語る"日本再生の秘策"とは!?【ＨＳ政経塾刊】

1,400 円

熊本震度７の神意と警告

天変地異リーディング

今回の熊本地震に込められた神々の意図とは？ 政治家、マスコミ、そしてすべての日本人に対して、根本的な意識改革を迫る緊急メッセージ。

1,400円

天才の復活 田中角栄の霊言

田中角栄ブームが起きるなか、ついに本人が霊言で登場! 景気回復や社会保障問題など、日本を立て直す「21 世紀版 日本列島改造論」を語る。【ＨＳ政経塾刊】

1,400 円

※表示価格は本体価格（税別）です。

幸福の科学グループのご案内

宗教、教育、政治、出版などの活動を通じて、
地球的ユートピアの実現を目指しています。

幸福の科学

一九八六年に立宗。信仰の対象は、地球系霊団の最高大霊、主エル・カンターレ。世界百カ国以上の国々に信者を持ち、全人類救済という尊い使命のもと、信者は、「愛」と「悟り」と「ユートピア建設」の教えの実践、伝道に励んでいます。

（二〇一六年四月現在）

愛

幸福の科学の「愛」とは、与える愛です。これは、仏教の慈悲《じひ》や布施《ふせ》の精神と同じことです。信者は、仏法真理をお伝えすることを通して、多くの方に幸福な人生を送っていただくための活動に励んでいます。

悟り

「悟り」とは、自らが仏の子であることを知るということです。教学《きょうがく》や精神統一によって心を磨き、智慧《ちえ》を得て悩みを解決すると共に、天使・菩薩《ぼさつ》の境地を目指し、より多くの人を救える力を身につけていきます。

ユートピア建設

私たち人間は、地上に理想世界を建設するという尊い使命を持って生まれてきています。社会の悪を押しとどめ、善を推し進めるために、信者はさまざまな活動に積極的に参加しています。

海外支援・災害支援

国内外の世界で貧困や災害、心の病で苦しんでいる人々に対しては、現地メンバーや支援団体と連携して、物心両面にわたり、あらゆる手段で手を差し伸べています。

自殺を減らそうキャンペーン

年間約３万人の自殺者を減らすため、全国各地で街頭キャンペーンを展開しています。

公式サイト **www.withyou-hs.net**

ヘレンの会

ヘレン・ケラーを理想として活動する、ハンディキャップを持つ方とボランティアの会です。視聴覚障害者、肢体不自由な方々に仏法真理を学んでいただくための、さまざまなサポートをしています。

公式サイト **www.helen-hs.net**

INFORMATION

お近くの精舎・支部・拠点など、お問い合わせは、こちらまで！

幸福の科学サービスセンター

TEL. 03-5793-1727（受付時間 火〜金：10〜20時／土・日・祝日：10〜18時）

幸福の科学 公式サイト happy-science.jp

ハッピー・サイエンス・ユニバーシティ
Happy Science University

ハッピー・サイエンス・ユニバーシティとは

ハッピー・サイエンス・ユニバーシティ（ＨＳＵ）は、大川隆法総裁が設立された「現代の松下村塾」であり、「日本発の本格私学」です。
建学の精神として「幸福の探究と新文明の創造」を掲げ、
チャレンジ精神にあふれ、新時代を切り拓く人材の輩出を目指します。

学部のご案内

人間幸福学部

人間学を学び、新時代を切り拓くリーダーとなる

経営成功学部

企業や国家の繁栄を実現する、起業家精神あふれる人材となる

未来産業学部

新文明の源流を創造するチャレンジャーとなる

未来創造学部

2016年4月開設

時代を変え、未来を創る主役となる

政治家やジャーナリスト、ライター、俳優・タレントなどのスター、映画監督・脚本家などのクリエーター人材を育てます。 ※

※キャンパスは東京がメインとなり、2年制の短期特進課程も新設します（４年制の１年次は千葉です）。2017年3月までは、赤坂「ユートピア活動推進館」、2017年4月より東京都江東区（東西線東陽町駅近く）の新校舎「HSU未来創造・東京キャンパス」がキャンパスとなります。

住所 〒299-4325 千葉県長生郡長生村一松丙 4427-1
TEL.0475-32-7770

教育

学校法人 幸福の科学学園

学校法人 幸福の科学学園は、幸福の科学の教育理念のもとにつくられた教育機関です。人間にとって最も大切な宗教教育の導入を通じて精神性を高めながら、ユートピア建設に貢献する人材輩出を目指しています。

幸福の科学学園

中学校・高等学校（那須本校）
2010年4月開校・栃木県那須郡（男女共学・全寮制）
TEL 0287-75-7777
公式サイト happy-science.ac.jp

関西中学校・高等学校（関西校）
2013年4月開校・滋賀県大津市（男女共学・寮及び通学）
TEL 077-573-7774
公式サイト kansai.happy-science.ac.jp

仏法真理塾「サクセスNo.1」 TEL 03-5750-0747（東京本校）
小・中・高校生が、信仰教育を基礎にしながら、「勉強も『心の修行』」と考えて学んでいます。

不登校児支援スクール「ネバー・マインド」 TEL 03-5750-1741
心の面からのアプローチを重視して、不登校の子供たちを支援しています。
また、障害児支援の**「ユー・アー・エンゼル!」運動**も行っています。

エンゼルプランV TEL 03-5750-0757
幼少時からの心の教育を大切にして、信仰をベースにした幼児教育を行っています。

シニア・プラン21 TEL 03-6384-0778
希望に満ちた生涯現役人生のために、年齢を問わず、多くの方が学んでいます。

NPO 活動支援

いじめから子供を守ろうネットワーク

学校からのいじめ追放を目指し、さまざまな社会提言をしています。また、各地でのシンポジウムや学校への啓発ポスター掲示等に取り組む一般財団法人「いじめから子供を守ろうネットワーク」を支援しています。

ブログ blog.mamoro.org

公式サイト mamoro.org
相談窓口 TEL.03-5719-2170

政治

幸福実現党

内《ない》憂《ゆう》外《がい》患《かん》の国難に立ち向かうべく、二〇〇九年五月に幸福実現党を立党しました。創立者である大川隆法党総裁の精神的指導のもと、宗教だけでは解決できない問題に取り組み、幸福を具体化するための力になっています。

幸福実現党 釈量子サイト
shaku-ryoko.net

Tiwitter
釈量子@shakuryoko
で検索

党の機関紙
「幸福実現NEWS」

幸福実現党 党員募集中

あなたも幸福を実現する政治に参画しませんか。

○ 幸福実現党の理念と綱領、政策に賛同する18歳以上の方なら、どなたでも党員になることができます。

○ 党員の期間は、党費（年額 一般党員5千円、学生党員2千円）を入金された日から1年間となります。

党員になると

党員限定の機関紙が送付されます。

（学生党員の方にはメールにてお送りします）

申込書は、下記、幸福実現党公式サイトでダウンロードできます。

住所：〒107-0052
東京都港区赤坂2-10-8 6階
幸福実現党本部

TEL 03-6441-0754
FAX 03-6441-0764
公式サイト hr-party.jp
若者向け政治サイト truthyouth.jp

出版
メディア
事業

幸福の科学出版

大川隆法総裁の仏法真理の書を中心に、ビジネス、自己啓発、小説など、さまざまなジャンルの書籍・雑誌を出版しています。他にも、映画事業、文学・学術発展のための振興事業、テレビ・ラジオ番組の提供など、幸福の科学文化を広げる事業を行っています。

アー・ユー・ハッピー？
are-you-happy.com

ザ・リバティ
the-liberty.com

幸福の科学出版
TEL **03-5573-7700**
公式サイト **irhpress.co.jp**

THE FACT

ザ・ファクト
マスコミが報道しない
「事実」を世界に伝える
ネット・オピニオン番組

Youtubeにて
随時好評配信中！

ザ・ファクト　検索

NEW STAR PRODUCTION

ニュースター・プロダクション

ニュースター・プロダクション(株)は、世界を明るく照らす光となることを願い活動する芸能プロダクションです。二〇一六年三月には、ニュースター・プロダクション製作映画「天使に"アイム・ファイン"」を公開。

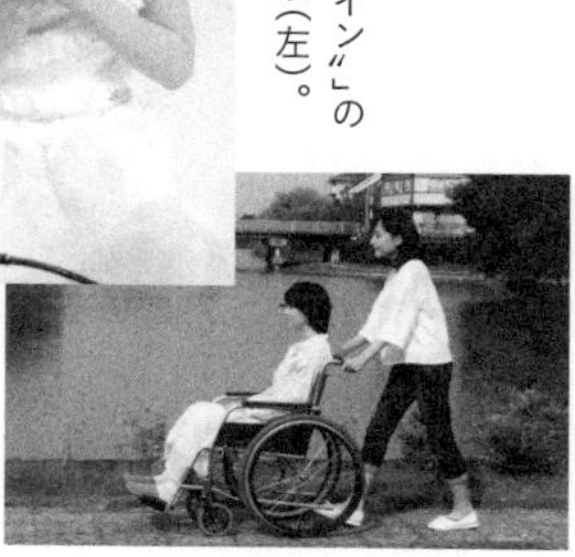

映画「天使に"アイム・ファイン"」のワンシーン(下)と撮影風景(左)。

公式サイト
newstar-pro.com

入会のご案内

あなたも、幸福の科学に集い、ほんとうの幸福を見つけてみませんか？

幸福の科学では、大川隆法総裁が説く仏法真理をもとに、
「どうすれば幸福になれるのか、また、
他の人を幸福にできるのか」を学び、実践しています。

入会

大川隆法総裁の教えを信じ、学ぼうとする方なら、どなたでも入会できます。入会された方には、『入会版「正心法語」』が授与されます。（入会の奉納は1,000円目安です）

ネットでも**入会**できます。詳しくは、下記URLへ。
happy-science.jp/joinus

三帰《さんき》誓願《せいがん》

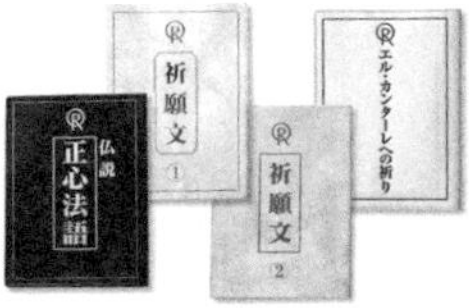

仏弟子としてさらに信仰を深めたい方は、仏・法・僧の三宝への帰依を誓う「三帰誓願式」を受けることができます。三帰誓願者には、『仏説・正心法語』『祈願文①』『祈願文②』『エル・カンターレへの祈り』が授与されます。

植福《しょくふく》の会

植福は、ユートピア建設のために、自分の富を差し出す尊い布施の行為です。布施の機会として、毎月1口1,000円からお申込みいただける、「植福の会」がございます。

ご希望の方には、幸福の科学の小冊子（毎月1回）をお送りいたします。詳しくは、下記の電話番号までお問い合わせください。

月刊「幸福の科学」

ザ・伝道

ヤング・ブッダ

ヘルメス・エンゼルズ

INFORMATION	幸福の科学サービスセンター **TEL. 03-5793-1727**（受付時間 火〜金：10〜20時／土・日・祝日：10〜18時） 幸福の科学 公式サイト **happy-science.jp**